विनय कुमार

विनय कुमार का जन्म 9 जून, 1961 को बिहार के जहानाबाद ज़िले के कन्दौल गाँव में हुआ। उन्होंने पटना मेडिकल कॉलेज, पटना से एम.डी. (मनोचिकित्सा) किया।

उनकी प्रकाशित पुस्तकें हैं—'क़र्ज़े-तहजीब एक दुनिया है' (ग़ज़ल-संग्रह); 'आम्रपाली और अन्य कविताएँ', 'मॉल में कबूतर', 'यक्षिणी' तथा 'पानी जैसा देस' (कविता-संग्रह); 'एक मनोचिकित्सक के नोट्स' और 'मनोचिकित्सा संवाद' (मनोसामाजिक विमर्श)। उन्होंने इंडियन साइकायट्रिक सोसाइटी के लिए मनोचिकित्सा-शिक्षा विषयक पाँच किताबों का सम्पादन/सह-सम्पादन और मानसिक स्वास्थ्य की हिन्दी पत्रिका 'मनोवेद डाइजेस्ट' का सम्पादन किया है। मनोरोग से सम्बन्धित विषयों पर अख़बारों तथा पत्रिकाओं में उनका विपुल लेखन है।

भारतीय मनोचिकित्सकों के सबसे बड़े संगठन 'इंडियन साइकायट्रिक सोसाइटी' के वाइस प्रेसिडेंट और प्रेसिडेंट इलेक्ट।

उन्हें 2007 में मनोचिकित्सा सेवा के लिए इंडियन मेडिकल एसोसिएशन के 'डॉ. रामचन्द्र एन. मूर्ति सम्मान' और 2015 में 'एक मनोचिकित्सक के नोट्स' के लिए 'अयोध्या प्रसाद खत्री स्मृति सम्मान' से सम्मानित किया जा चुका है।

सम्प्रति : मनोवेद माइंड हॉस्पिटल, पटना में मनोचिकित्सक।

ई-मेल : dr.vinaykr@gmail.com

क़र्ज़े तहजीब एक दुनिया है

विनय कुमार

राधाकृष्ण पेपरबैक्स

पहला पुस्तकालय संस्करण
राधाकृष्ण प्रकाशन प्राइवेट लिमिटेड द्वारा
2004 में प्रकाशित

राधाकृष्ण पेपरत्वैक्स में
पहला संस्करण : 2024

राधाकृष्ण पेपरबैक्स : उत्कृष्ट साहित्य के जनसुलभ संस्करण

राधाकृष्ण प्रकाशन प्राइवेट लिमिटेड
जी-17, जगतपुरी, दिल्ली-110 051
द्वारा प्रकाशित

शाखाएँ : अशोक राजपथ, साइंस कॉलेज के सामने, पटना-800 006
पहली मंजिल, दरबारी बिल्डिंग, महात्मा गांधी मार्ग, प्रयागराज-211 001
1, अनमोल सोराबजी संतुक लेन, धोबी तलाव, मरीन लाइंस, मुम्बई-400 002
वेबसाइट : www.radhakrishnaprakashan.com
ई-मेल : info@radhakrishnaprakashan.com

बी.के ऑफसेट
नवीन शाहदरा दिल्ली-110 032
द्वारा मुद्रित

मूल्य : ₹250

KARZE TAHJEEB EK DUNIYA HAI
(Ghazalen) by Dr. Vinay Kumar

ISBN : 978-93-48157-26-3

दिवंगत चाचा विजय शर्मा की स्मृति को
जिन्होंने
मुझे 'ग' लिखना सिखाया

अनुक्रमणिका

बरसात है, हर शख़्स का घर डूब रहा है।
सपने बरस रहे हैं शहर डूब रहा है।

किस सिम्त से निकला था किताबों से पूछिए
पूरब में आफ़ताब मगर डूब रहा है।

सब धूप में डूबे हुए, दिल ओस में मछली
दिल डूब रहा है कि दहर डूब रहा है।

निकलेगा साफ़-सुथरा उधर लाल क़िले पर
सड़ती हुई जमुना में इधर डूब रहा है।

ये रेत सी बिखरी हुई हैं वक़्त की किरचें
इस रेत में साँसों का बहर डूब रहा है।

लहरों की उछालों का भरोसा नहीं रखना
तू डूब ही जाएगा अगर डूब रहा है।

सबको पता है फिर भी पूछते हैं सब सवाल
वह डूब रहा है तो किधर डूब रहा है।

जो सोच से ख़ाली हैं सभी तैर रहे हैं
पर फ़िक्र में डूबा हुआ सर डूब रहा है।

होने में मुकम्मल इसे गुज़रेगा महीना
इस चाँद से अब और न डर डूब रहा है।

सूखे पत्तों सा यह शहर क्यों है ?
आग से सबको इतना डर क्यों है ?

क्या चिता भी है यज्ञ की वेदी
आग ईश्वर है तो ईश्वर क्यों है ?

दिल में बेघर के क्यों नहीं रहता
यह इमारत खुदा का घर क्यों है ?

जिसके पीछे फ़साद चलता है
वह शरीफ़ों का राहबर क्यों है ?

आइना आपका दुश्मन क्यों है
आपके हाथ में पत्थर क्यों है ?

आजकल आपकी ग़िज़ा क्या है
आपकी बात में ज़हर क्यों है ?

आपकी रूह बुझ गई कैसे
आपका जिस्म मुनव्वर क्यों है ?

आपने क्या दिया मुसव्विर को
शक्ल तस्वीर में बेहतर क्यों है ?

दाँत पैने हैं, दुम लरजती है
हर फ़रिश्ते में जानवर क्यों है ?

दर्दे इमरोज़ क्यों नहीं कम है
दर्दे माज़ी के बराबर क्यों है ?

नाम लिखना भी न आता जिसको
लिखने बैठा वो मुक़द्दर क्यों है ?

दर्द महफ़िल मिज़ाज क्यों इतना
नाचता रात-रात भर क्यों है ?

जिसको होना था सबके दामन पर
दाग़ वह सिर्फ़ चाँद पर क्यों है ?

चोर सब मैच देखते होंगे
संतरी आज ग़श्त पर क्यों है ?

बसना है क्या नए अँधेरों को
रोशनी आजकल इधर क्यों है ?

पेट जलता था तो शायर क्यों था
पेट भरता है तो शायर क्यों है ?

आके सीने से लगो फिर समझो
मेरे सीने में समंदर क्यों है ?

जब भी उठो लिहाफ़ हटाकर सुबह-सुबह।
छत में नयी दरार, नया डर सुबह-सुबह।

अंधों को रोशनी की ज़रूरत पड़ी है फिर
जलने लगा है फिर किसी का घर सुबह-सुबह।

कैसा है अस्पताल यह, कैसा इलाज है
नश्तर चला था रात को ख़ंजर सुबह-सुबह।

छेंके हुए है रास्ते सूरज पठान सा
जाएँ कहाँ निगाह बचाकर सुबह-सुबह।

लड़ना है हमें सर उठा के रोज़ शाम तक
कैसे झुकाएँ हम कहीं पे सर सुबह-सुबह।

ख़बरों से लगी आग बुझाते हैं चाय से
करते हैं मस्लेहत को कारगर सुबह-सुबह।

सब राज़ शबे वस्ल के रख दे न धूप में
रखिए कड़ी निगाह चाँद पर सुबह-सुबह।

पीते ज़रा सा कम तो नशा सर में टूटता
टूटा है मेरे पाँव से सागर सुबह-सुबह।

तुम जा छुपे थे रात में, तुझमें छुपी है रात
लो हो गया हिसाब बराबर सुबह-सुबह।

जी हाँ मुझे पता है शीशा टूटेगा।
लेकिन पत्थर सा सन्नाटा टूटेगा।

बाहर वाले आज़ादी के क़ैदी हैं
भीतर से ही यह दरवाज़ा टूटेगा।

जितना टूटा उससे ज़्यादा बन बैठा
दादा जी कहते थे राजा टूटेगा।

पैसा से मारोगे पैसा खनकेगा
रुपया से मारोगे पैसा टूटेगा।

है कोई जो घट से घट टकराता है
और पूछता है बोलो क्या टूटेगा।

शबे वस्ल है लतर नींद की फल देगी
सुबह-सुबह बिस्तर से ताज़ा टूटेगा।

जब भी घर में चूहे पहरा देते हैं
बिल्ली को लगता है छींका टूटेगा।

सबकी जीभें तलवारों-सी चलती हैं
होने से पहले समझौता टूटेगा।

छोड़ोगे तो पुर्ज़ा-पुर्ज़ा कर देगा
तोड़ोगे तो पुर्ज़ा-पुर्ज़ा टूटेगा।

बादल के मुँह से लो चाँद निकल आया
मुझे लगा था लुक़्मा-लुक़्मा टूटेगा।

सूरज पर ख़तरा है आँखें खुली रखो
ख़बर मिली है कोई तारा टूटेगा।

बाहर आने को मुश्किल से कोई दुख राज़ी होता है।
इन पानी जैसी ग़ज़लों का पत्थर सा माज़ी होता है।

रूहानी सेहत की बातें रहने दो अब मरहम बाँटो
हर ग़म होता है जीते जी, हर ज़ख़्म मज़ाजी होता है।

आशिक़ हो तो क़ुर्बत रखना काले तेज़ाबी लम्हों में
चाँदनी रात में छत पर तो हर शख़्स नियाज़ी होता है।

साज़िश की मछली के भीतर सच क़ैदी पड़ा अँगूठी सा
जो राजा से बेख़ौफ़ कहे वह असली क़ाज़ी होता है।

न्यौते की तरह नए पत्ते जब भी डालों पर आते हैं
चिड़िया बन कर कुछ तिनकों में बस जाने का जी होता है।

राजकोश की जूठन छोटी बड़ी किताबों में।
बादशाह छाए सिर के बल खड़ी किताबों में।

पोपट जानें या पोपट जैसे बच्चे जानें
बादशाह की सेना कैसे लड़ी किताबों में।

शाही दावत में जाने के अपने ख़तरे हैं
नमक करा सकता है धोखाधड़ी किताबों में।

भूत क़रार दिए जाएँगे क़िस्सों के बाहर
बादशाह अच्छे लगते हैं सड़ी किताबों में।

वैसी ही खादी के कुर्तों में भी मिलती है
देखी थी हमने जैसी हेकड़ी किताबों में।

महलों में महदूद मरी शहज़ादी की चिट्ठी
ढूँढो शायद अब भी होगी पड़ी किताबों में।

हमलावर के राजतिलक में तुम भी शामिल थे
तुमने ही तो खोजी थी शुभ घड़ी किताबों में।

सूरज से भी ज़्यादा गोरे ग्राहक आए हैं
बिक जाने की है कैसी हड़बड़ी किताबों में।

गोरे गालों के तिल या पूरे चाँदों के दाग़
रखिए जब टूटे बातों की लड़ी किताबों में।

मेरे बच्चो, इन्हें अक़्ल की आँखों से पढ़ना
अब भी रहती है जादू की छड़ी किताबों में।

धँसी है आँख मिट्‌टी में, निगाहें आसमानों में।
कहें जो शेर मत गिनिए कभी उनको सयानों में।

सम्हलकर खोलिए मासूम लफ़्ज़ों के लिफ़ाफ़ों को
सुना है कुछ फ़रिश्ते बम छुपाते हैं बयानों में।

नयी नींदें अजब हैं, एक भी सपना नहीं आता
जमा है सब पुराने ख़्वाब सरकारी ख़ज़ाने में।

बता सकते थे जो पानी कहाँ से और क्यों आया
बचानेवाले उनको छोड़ देते हैं खदानों में।

तुम्हारे ही लहू की चीख़ है, सुनते हो बस तुम ही
अमा तुम ठूँसते हो रुइयाँ क्यों मेरे कानों में।

कहाँ जाए ख़ुदा जो सिर्फ़ बच्चों की हँसी में है
कही पर शंख गुर्राए, कहीं धमकी अज़ानों में।

कहीं सब सच अमीरी की सुरंगों में न फँस जाएँ
ख़बर आई है, सच बिकने लगे हैं कुछ दुकानों में।

मुझे इतना बता दो तुम, मिनी से क्या कहूँ जाकर
कहीं दिखता नहीं हैं, काबुलीवाला पठानों में।

आप बदले तो कहाँ हम भी पुराने से रहे।
आप आने से रहे तो हम बुलाने से रहे।

फिर यक़ीनों के परिंदे आसमानों में उड़े
फिर दगी गोली शिकारी बाज़ आने से रहे।

एक दिन इतिहास दुहराएगा अपने आपको
वे इसी उम्मीद में बीते ज़माने से रहे।

इस घने जंगल में दाने, जाल भी होगा ज़रूर
जानते हैं, अब कबूतर हाथ आने से रहे।

तश्तरी में पान रखिए, सीट संसद में हुजूर
अब सुपारी-दर-सुपारी हम उठाने से रहे।

छत्रसालों के ज़माने, भूषणों के दिन लदे,
शायरों की पालकी मंत्री उठाने से रहे।

रहनुमा बस्ती जलाने में अभी मसरूफ़ हैं
वे तुम्हारी भूख की लपटें बुझाने से रहे।

थे कभी कुत्ते गली के आज आदमख़ोर हैं,
लौटकर वापस गली में दुम हिलाने से रहे।

कोरनिश हो, तालियाँ हों, हुक्म हो या ढोल हो
हम किसी दरबार में कुछ भी बजाने से रहे।

जानते हैं हम तुम्हारी राह की सब मुश्किलें
पूछने से तुम रहे तो हम बताने से रहे।

रख दिया है हाथ उसने जब हमारे हाथ पर
वह उठाने से रहा तो हम हटाने से रहे।

एक मुजरिम को मसीहा नहीं बता सकते।
आइने दोस्त हैं पर सच नहीं छुपा सकते।

युग अनन्नास हैं, औज़ारो हुनर से खाएँ
सिर्फ़ दाँतों से नफ़ासत से नहीं खा सकते।

ख़ून के दाग़ हैं सरहद के हरे दामन पर
हम इसे ख़ून से हरगिज़ नहीं मिटा सकते।

आँच तो ठीक है, हाँड़ी ही कुछ सियासी है
दाल उम्मीद की हम-तुम नहीं गला सकते।

जिस सरोवर में सुयोधन छिपा है, जल उसका
सब युधिष्ठिर नहीं हैं, सब नहीं पचा सकते।

जिसके खिलने से महकती है ज़माने की हवा
आप उस फूल की ख़ुशबू नहीं चुरा सकते।

हम रिवायत को ख़्यालों में जगह देते हैं
माफ़ करना मगर मुर्ग़े नहीं लड़ा सकते।

पूँछ तो झड़ गई पाँवों पे खड़े होने में
और उगती भी नहीं है कि हम हिला सकते।

फाइलों मे छिपा दिया पानी।
पूछते हो कहाँ गया पानी।

हमने डाली थी जान की बाती
तुमने डाला दिया-दिया पानी।

चाँद चुपचाप झील में उतरा
मछलियों ने हिला दिया पानी।

वह मगरमच्छ क्या बताएगा
किसने किस घाट का पिया पानी।

काम सुइयाँ वहाँ नहीं करतीं
पानियों को करे सिया पानी।

आप उस पर बयान लिखते हैं
जिस वरक़ का है हाशिया पानी।

पाँव के ज़ख़्म का मज़ा देखो
मैंने पाँवों से चख लिया पानी।

मन बँधते ही मरा काठ तन धीरे-धीरे नष्ट हुआ।
साँपों के पहरे में चन्दन धीरे-धीरे नष्ट हुआ।

बादल तो अब भी घिरते हैं बारिश अब भी होती है
अम्मा क्यों कहती है सावन धीरे-धीरे नष्ट हुआ।

ठूँठ समय है प्रभुताओं की उँगलियाँ अब नहीं रहीं
उठ जाने वाला गोवर्धन धीरे-धीरे नष्ट हुआ।

समय मिला इतना कि सुरक्षित निकल गया तक्षक वन से
धीरे-धीरे धुआँ उठा वन धीरे-धीरे नष्ट हुआ।

डिनर सेट के बिखरे टुकड़ों के बरक्स इसको देखें
पीतल का इकलौता बर्तन धीरे-धीरे नष्ट हुआ।

अच्छी बातें बुरे इलाक़ों में दिखती तो रहती हैं
तुम कहते थे हर अच्छापन धीरे-धीरे नष्ट हुआ।

नाच सीखते रहते तो आँगन भी सीधा हो जाता
छोड़ गया टेढ़ापन, आँगन धीरे-धीरे नष्ट हुआ।

गुफ़्तगू ख़त्म हुई, तख़्त बचा, ताज रहा।
कौन कितने में बिका सिर्फ़ यही राज़ रहा।

मौत के डर ने शिकारी का तरफ़दार किया
एक भी बाज़ सारे दश्त तक कहाँ बाज़ रहा।

अक्स मुमकिन न हुआ आइना सजा इतना
सच की यलग़ार से बचने ये अन्दाज़ रहा।

लफ़्ज़ के झूठ से रौनक़ बढ़ी दुकानों की
लफ़्ज़ के सच को पकड़ता लफ्फ़ाज़ रहा।

शेख़ मुजरिम था, सिपाही से पकड़ते न बना
कुछ रहा ख़ौफ़े ख़ुदा और कुछ लिहाज़ रहा।

क्या बताएँ कि जिए शहरे इश्क़ में कैसे
ख़ुदकुशी रस्म जहाँ क़त्ल एक रिवाज़ रहा।

तेरा कहा तुझी पर लागू नहीं होता है।
होते हैं सभी बिस्मिल पर तू नहीं होता है।

वे साज़ के पर्दे में आवाज़ उठाते हैं
कटने के लिए जिनका बाज़ू नहीं होता है।

पर्दे उठे हुए हैं बैठे हैं तमाशाई
नाटक यही कि नाटक चालू नहीं होता है।

कुछ तय न कर सकोगे जलती हुई भट्ठी में
पिघले हुए सिक्के का पहलू नहीं होता है।

मेरी नहीं सुनो तुम जादूगरों से पूछो
कहते हैं जिसे जादू, जादू नहीं होता है।

रोज़ पीता है उसे इतना नशा आता है।
जितना शायर के ख़्यालों में खुदा आता है।

शेख़ किस शय के लिए बेच रहा है खुद को
चीज़ वो क्या है जिसे रिंद लुटा आता है।

वक़्त माना है गिराँ, रोशनी नहीं महँगी
चार आने में भी मिट्टी का दिया आता है।

यार जाता तो है आवाज़ उठाने के लिए
पर कभी तख़्त कभी ताज उठा आता है।

दिल शराफ़त के लिफ़ाफ़े में छटपटाता है
ग़म इनायत के लिफ़ाफ़े में छिपा आता है।

दुख है दरबान जहाँ दुख की रसाई आसाँ
सुख जो आए तो कहे—कौन चला आता है।

जश्न में हरगिज़ न जाऊँगा मुझे करना मुआफ़।
कर रहा हूँ मैं समय के आइने की ग़र्द साफ़।

एक ही है बात प्यारे, फ़र्क़ है अंदाज़ का
मैं तुम्हारे साथ हूँ या हूँ सितारों के ख़िलाफ़।

इस सफ़र में आग के तकिए मिलेंगे बारहा
काम आएँगे तुम्हारी याद के ठंढे गिलाफ़।

देखिए अब कब चिराग़ाँ हो हमारे सोच में
रोशनी दुबकी हुई है ओढ़ कर काला लिहाफ़।

आपकी सारी बग़ावत खाद पानी की तरह
बढ़ते-बढ़ते क़द सितमगर का हुआ जाता जिराफ।

ख़ून में डूबी कलम की राह मत रोका करो
बात होने दो मुकम्मल, टूटने दो शीन काफ़।

आँकड़ों के ज़माने आए हैं।
आप ग़ज़लें सुनाने आए हैं ?

आँकड़े में बदल रहे हैं आप
आपको यह बताने आए हैं।

आपसे रोशनी की है उम्मीद
आपका दिल जलाने आए हैं।

हम मुज़ाहिद भी हैं, सिपाही भी
हम घरौंदे बचाने आए हैं।

जंग बाक़ी है, सच निहत्था है
तेग़ उसको थमाने आए हैं।

ख़ून लोगों का हो गया पानी
आप फिर भी बहाने आए हैं !

क़र्ज़े तहज़ीब एक दुनिया है
चार पैसा चुकाने आए हैं।

सच बताने को तरसते हुए डर लगता है।
झूठ के पाँव पर हँसते हुए डर लगता है।

अपनी गलियों से गुज़रते हुए घबराता हूँ
अपने ही शहर में बसते हुए डर लगता है।

बुत से लड़ता था, ख़ुदाओं से बहस करता था
अब तो इक तंज़ भी कसते हुए डर लगता है।

धूप उजली है, मुलायम है मगर तेज़ाबी
धूप में जाके झुलसते हुए डर लगता है।

एक से एक नमूने हैं ज़हरज़ादों के
साँप को भी जिन्हें डँसते हुए डर लगता है।

हार होती है सितमगर की, पर नहीं होती
क्या फ़तह है कि हुलसते हुए डर लगता है।

हक़ चिराग़ों का मिला है शहर में मकड़ों को
अब पतंगों को भी फँसते हुए डर लगता है।

मर गया हो तेरी आँखों का भी पानी न कहीं
झील सी आँख में धँसते हुए डर लगता है।

कैसे बादल में बदल सा गया हूँ मैं यारो
प्यासवालों पे बरसते हुए डर लगता है।

बातें कहीं हज़ार मगर सच बोल गया।
समझाया सौ बार मगर सच बोल गया।

शीश महल का मलवा पैरों के नीचे
सर पर थी तलवार मगर सच बोल गया।

पीछे से संगीनों ने हमला बोला
आगे थी दीवार मगर सच बोल गया।

ऐसी तपिश कि पिघल रहे थे पत्थर भी
स्वर में पड़ी दरार मगर सच बोल गया।

नया युधिष्ठिर भारी पड़ा पुराने पर
देख रहा था हार मगर सच बोल गया।

कहें वे लाख हमारे दिलों में रहते हैं।
हमें पता है कि राजा क़िलों में रहतें हैं।

लगी है आग मगर आग सोचती कब है
फ़सल के बीज भी जलते ज़िलों में रहते हैं।

शहर में घूमते हैं साँप आस्तीनों के
शरीफ़ ख़ौफ़ के मारे बिलों में रहते हैं।

डरें शबाब से दरिया के क्यों, पता है हमें
कि साज़िशों के भँवर साहिलों में रहते हैं।

हमें निकालने का हक़ है हम निकालेंगे
हमारे तेल तुम्हारे तिलों में रहते हैं।

सफ़र तिलिस्म है मंज़िल खुली हुई
सफ़र के राज़ कहाँ मंज़िलों में रहते हैं।

खुदा बचाए हमारे शहर के लोगों को
ज़हीन लोग जहाँ जाहिलों में रहते हैं।

इन्हें सम्हाल के रखना हिदायतों की तरह
उदास ख़्वाब है, टूटे दिलों में रहते हैं।

यह समय है आँख के शोले बुझाने का।
यह समय है वनस्पतियों के नहाने का।

तक्षकों के हाथ में ही यज्ञ सारे हैं
यह समय जनमेजयों के हार जाने का।

तुम घिरे हो प्यार के निश्चिंत पानी में
यह समय है होश के दीपक सिराने का।

मित्रता के वृक्ष पर फल पक गए होंगे
यह समय है साख की शाखें हिलाने का।

वक़्त की बंदिश नहीं है तानसेनों पर
कुल समय है राग दरबारी सुनाने का।

अब नहीं तो कब फटेंगे शोर के बादल
यह समय है धूप की धुन गुनगुनाने का।

फिर समय के होंठ पर मझधार के क़िस्से
फिर समय है तटस्थों के तिलमिलाने का।

गीत गाने का समय फिर लौट आएगा
यह समय है शब्द को पत्थर बनाने का।

क़तरा-क़तरा बिखर गए बादल।
दरिया-दरिया सँवर गए बादल।

खो न जाएँ कहीं ख़लाओं में
आँधियों में उधर गए बादल।

जी उठेंगे उन्हीं ज़मीनों में
जिन ज़मीनों पे मर गए बादल।

गर्म मौसम के मर्तबानों में
मां के हाथों सुतर गए बादल।

मेरे अश्कों का ज़ायक़ा लेना
घर तुम्हारे अगर गए बादल।

इससे पहले कि दिल की बात कहें
मेरी हद से गुज़र गए बादल।

गुज़र गया फूलों का मौसम चर्चा फिर भी फूल की।
इसी बात पर और कँटीली काया हुई बबूल की।

जुड़ने वाले हाथ कटे हैं झुकने वाला सिर गिरवी
ऐसा लगता है मैंने मंदिर में आकर भूल की।

रोज़ खुली रामायण पढ़ते-पढ़ते जाते छोड़ पिता
बड़े प्यार से हवा बिछा जाती है परतें धूल की।

राजतिलक की रस्म उसी से होगी यह मालूम न था
वरना राख जुगाकर रखता स्वाहा हुए उसूल की।

संसदीय गालियाँ सुरक्षित रखिए ग्रंथागारों में
ग़ज़लों को क्या रखना इनमें बातें भरीं फ़िज़ूल की।

फिर बन्दूक़ें जीतीं, जीते झूठे वादे और नक़ाब
गाँधी जी के तीन बन्दरों ने फिर हार क़बूल की।

बूढ़ी आँखें रो देंगी इस महफ़िल में यह मत बोलो
किसने अपनी क़ीमत अपनों से किस तरह वसूल की।

मोड़ तीखे हो गए डरने लगे हैं रास्ते।
ख़ौफ़ के मारे यहाँ मरने लगे हैं रास्ते।

तय हुआ मुश्किल सफ़र तो चोटियों से कूदना
बात क्या है ख़ुदकुशी करने लगे हैं रास्ते।

अब करें हम तुम नयी राहें बनाने की पहल
राहगीरों के क़दम चरने लगे हैं रास्ते।

खोल दी जो राहबर की गाँठ ज़िंदा राह ने
मुँह खुला है गाँठ का झरने लगे हैं रास्ते।

पाँव वाले क्या करेंगे सोचता ही कौन है
लोग अपनी जेब में भरने लगे हैं रास्ते।

शहर में थे औपचारिक, गाँव पहुँचे तो सहज
जंगलों में चौकड़ी भरने लगे हैं रास्ते।

तोड़िए मत और इन टूटी ज़मीनों को।
रोकिए दीवार बनने से यक़ीनों को।

जानलेवा कम नहीं है यह महीना भी
याद करना छोड़िए पिछले महीनों को।

धूप के पन्ने मशक़्क़त से निकलते हैं
दस्तख़त करने न दें इन नामचीनों को।

किस नदी के ख़ून से धोएँगे कहिए तो
इस नदी के ख़ून से भींगी मशीनों को।

ताउफ़क़ है रेत की दुनिया यहाँ यारो
अब किसे बेचें बुज़ुर्गों के सफ़ीनों को।

शायरों को चाँद की चटनी परोसेंगी
चाँद कहना छोड़ देंगे तब हसीनों को।

बात की बिगड़ी हुई बस रात में है।
रात से ज़्यादा अँधेरा बात में है।

बघनखे पहने हुए हैं फूल गुलचीं
सोच लेना कौन किसके घात में है।

रात मैंने एक टुकड़ा मेघ देखा
वह चँवर सा धूप की बारात में है।

स्याहियों से टूटते हैं स्याह जादू
आज भी ताक़त क़लम की ज़ात में है।

आज भी बाज़ार में मरहम नहीं है
आज भी घायल समय सौग़ात में है।

सोच का क्या सोच लेगा सौ सुरंगें
दिल बचाओ दिलशिक़न हालात में है।

दाम के बदले कई सुकरात लेगा
यह ज़हर मिलता नहीं ख़ैरात में है।

अब्र तेज़ाबी समन्दर से उठे हैं
आजकल सावन किसी गुजरात में है।

इस लता के फूल मुरझाते नहीं हैं
इस लता की जड़ अभी देहात में है।

देख कर बगुला भगत को मछलियाँ खाते हुए।
आ गए शागिर्द पोखर तक भजन गाते हुए।

नूर से उनके सियासत की गली रौशन हुई
कर गए बेशर्मियाँ जो लोग शर्माते हुए।

शांतिदूतों की सवारी के लिए घोड़े उगें
कह गए वे अस्तबल की राख बिखराते हुए।

वह परिंदा था, हुआ इन्सान, वह भी नामवर
शर्म आती है उसे अब पंख फैलाते हुए।

डालिये पानी जड़ों में, क्या भला सा पेड़ है
धूप में दिन काटता है छाँव छितराते हुए।

बीड़ियाँ जलती रहीं, काग़ज़ रंगे जाते रहे
पेश अब होगी ग़ज़ल सिगरेट सुलगाते हुए।

धूप, बादल, चाय, न्यौता, प्रश्न, बच्चों की तरह
बारहा देखूँ तुझे ऐ दोस्त मैं आते हुए।

बन्दों को हमराज़, ख़ुदाओं को नाराज़ बनाता हूँ।
कल की ख़ातिर कल के रंगों से कुछ आज बनाता हूँ।

आँखों-देखा हाल सुनाता हूँ कुहरा डूबे वन का
जो देखा, जाना, माना उससे कोलाज बनाता हूँ।

जिन हाथों ने ताज बनाया उनकी भी मुमताजें थीं
मैं उनकी मुस्कानों के फॉसिल से ताज बनाता हूँ।

बातूनी भौंरे की जिह्वा, चक्षुश्रवा की आँख सुने
गूँगे गुड़ का स्वाद बताएँ वह आवाज़ बनाता हूँ।

दुश्मन को पहचाने चिड़िया, चूक नहीं होने पाए
इसीलिए मैं पेड़ों के पत्तों पर बाज़ बनाता हूँ।

रात गए तारों से बातें सुबह धूप में घुल जाना
एक नहीं दो नहीं करोड़ों को हमराज़ बनाता हूँ।

मिसरा दर मिसरा बाहर आने लगती है एक ग़ज़ल
जब सीधे सादे शब्दों तीरंदाज़ बनाता हूँ।

एक क़तरा भी जहाँ बेमौत मारा जाएगा।
जायज़ा लेने वहाँ दरिया दुबारा जाएगा।

आदमी के फ़ल्सफ़े दरिया समझ सकता नहीं
आपका हर लफ़्ज़ पानी से सुधारा जाएगा।

तोड़ता हूँ रोज़ गाँधी को ज़रा सा खीझकर
कह गए थे, नाम़ मेरा भी पुकारा जाएगा।

सब ज़मीनें तो नहीं हमने बुहारीं आज तक
अहद है, अब आसमानों को बुहा़रा जाएगा।

छटपटाएँगे तुम्हारे हाथ सोने के लिए
ज़हन में पिघला हुआ सोना उतारा जाएगा।

तख़्त के नीचे पड़े उस एक बटुए के लिए
सोच भी सकते नहीं थे, ताज हारा जाएगा।

सब दिए देने लगे शातिर अँधेरों को पनाह
अब इन्हीं की रोशनी में चाँद मारा जाएगा।

स्वप्न था यह आपका ही सूर्य धरती से उगे।
यह करिश्मा हो गया तो धूप तीखी क्यों लगे।

आपकी गति और क्या होती परमगति के सिवा
आप साँपों के सगे पर साँप कब किसके सगे।

बात करने आ गए मुँह में सड़े वादे लिए
ये सियासी लोग बोलो कौन इनके मुँह लगे।

आ गए महफ़ूज़ भीतर क़िले में दुश्मन तमाम
कूटनीतिक तोप से कुछ इस तरह गोले दगे।

धूप सी बिखरी हुई इस ज़िन्दगी की गाँठ में
कुछ ग़ज़ल, कुछ इश्क़, कुछ जद्दोजहद के रतजगे।

ज़िद में बसने की भटकना होगा अब बसेरा कहीं नहीं दिखता।
बात करते हो तुम फुफेरों की जब चचेरा कहीं नहीं दिखता।

जिस पिटारी का खोलता हूँ मुँह साँप फन काढ़े हुए दिखते हैं
जिसने साँपों को बसाया हरसू वह सँपेरा कहीं नहीं दिखता।

अब न आँखों में नमी आती है, बर्फ़ भीतर से जमी आती है
तू है मेरा मगर न मैं तेरा कुछ भी तेरा कहीं नहीं दिखता।

जिसके पकने से फ़लक फबता था, जिसके फटने से सुबह होती थी
जिस अँधेरे में कुछ हरापन था वह अँधेरा कहीं नहीं दिखता।

फ़ौज, हाक़िम, वज़ीर, शहंशाह सब हैं आगाह और हैं मुस्तैद
लम्हा लम्हा ख़बर है लुटने की पर लुटेरा कहीं नहीं दिखता।

शबों के हाथ में ख़ंजर थमा गया कोई।
हमारे क़त्ल को आसाँ बना गया कोई।

तबील धूप में पागल हवा के जंगल में
मुझे चिराग़ सा हँसकर जला गया कोई।

गिरा के सख़्त दिनों के छँटे हुए लम्हे
मेरे वज़ूद का पानी हिला गया कोई।

तमाम बाग़ धुएँ कि गिरफ़्त में फिर है
गुज़श्ता रात में क्या गुल खिला गया कोई।

शहर के जिस्म में ख़ाली जगह नहीं दिखती
शहर के बीच से उठकर चला गया कोई।

मुझे पता है मगर राज़दाँ नहीं हूँ मैं
किसी का राज़ था आकर बता गया कोई।

सब्ज़ बाग़ों के फ़रेबात के सिवा क्या है
आपके शहर के हालात में हरा क्या है।

ग़ैर के ख़ून में उँगली डुबाये बैठे हैं
चंद लफ़्ज़ों के सिवा सुर्ख़ आपका क्या है।

चोर के पाँव सिपाही की तरह लगते हैं
रास्ते पूछ रहे हैं कि रास्ता क्या है।

मैं अभी तुमसे मुख़ातिब हूँ बताओ क्या हो
.ख़ुदा मिलेंगे तो पूछूँगा कि .ख़ुदा क्या है।

सवाल आग से पूछा था क्या जलाते हो
जवाब राख से आया है कि जला क्या है।

सख़्त सौदागर समय है यूँ हमें रहने न दे।
बाँट हमको, सिर्फ़ बिकने के लिए रहने न दे।

रोज़ ताज़ा तेल बाती डाल दे माँ की तरह
ऐ रिवायत तू हमें बासी दिये रहने न दे।

जीस्त सहरा का सफ़र है रात आँधी की तरह
रेत पर दिन के बनाए रास्ते न रहने दे।

शेर वह अच्छा कि जो मुझको अलग पहचान दे।
शेर वह सच्चा कि जो मेरा मुझे रहने न दे।

ज़हरवाले न हों कोई जगह ऐसी नहीं होती।
कहीं जंगल नहीं होता, कहीं बस्ती नहीं होती।

छतों के बीच अम्बर छेंकने की जंग छिड़ती है
पहल जब आसमाँ को छत बनाने की नहीं होती।

अमीरी का सफ़र बाहर, फ़कीरी का सफ़र भीतर
किसी लम्बे सफ़र की रहगुज़र सीधी नहीं होती।

खुशी ख़रगोश है, शातिर हवा है, शोख़ चिड़िया है
खुशी लंगड़ी भिखारिन सी कहीं बैठी नहीं होती।

नयी मिट्टी, नया पानी, मछलियों के नये कुनबे
नदी बासी नहीं होती, नदी बूढ़ी नहीं होती।

न तो अम्बर पिघलता है न दरिया ख़ून रोता है
दिलों के डूबने की शाम सतरंगी नहीं होती।

न दिल बनते न जाँ बनते, दिलोजाँ से न माँ बनते
हमारी गोद में ग़र फूल सी बेटी नहीं होती।

अमा तुम चोंचले छोड़ो हमें भी साँस लेने दो
किसी के साँस लेने से हवा जूठी नहीं होती।

पूरी साड़ी फटी हुई है, नयी किनारी दिल्ली में।
तरल आग की लहर बेचती बर्फ़ हमारी दिल्ली में।

हर मज़हब तंदूर-छाप, हर नीयत खुद में खोयी सी
ख़ंजर जिसके हाथ लगा वह शख़्स शिकारी दिल्ली में।

साबुत जूते, ज़ख़्मी तलवे कैसी किरचें बिखरी हैं
रोज़ बुतों की आईनों से मारामारी दिल्ली में।

हश्र हवा में गुब्बारों सा होगा ग़र जेबें ख़ाली
हलके हैं इन्सान बहुत पर सिक्के भारी दिल्ली में।

इतिहासों से अख़बारों तक एक कहानी मिलती है
सबसे महँगी है दिल्ली पर दावेदारी दिल्ली में।

बाहर से चमकीले धुले हसीन राजपथ दिखते हैं
भीतर-भीतर गंदे नालों की तैयारी दिल्ली में।

कुछ हरियाली क़ब्रों पर, कुछ सत्ता के पिछवाड़े में
सावन के आशिक़ ढूँढें सावन सरकारी दिल्ली में।

टँग जाएँगे छिले हुए मुर्ग़े से अगर लज़ीज़ दिखे
नरम गोश्त में दाँत गड़ाने की बीमारी दिल्ली में।

आधी ख़बरें उठा पटक की आधी नूरा कुश्ती की
पढ़ते रहिए किसने किसको लंगड़ी मारी दिल्ली में।

घोड़ों के मुँह तक जा पहुँचीं, अजब तरक़्क़ी घासों की
देखी हमने घासों की घोड़ों से यारी दिल्ली में।

दिल्ली बादल की बिसात-सी वक़्त हवा के झोंकों-सा
जीत लूटने वालों ने भी बाज़ी हारी दिल्ली में।

खुद्दारी के कुर्ते देखे, देखी ईमाँ की टोपी
दिखी दूधिया मुस्कानों में छिपी दुधारी दिल्ली में।

जैसे कोई झरने की तस्वीर दिखाए बच्चों को
चारागर कुछ वैसे दिखलाएँ लाचारी दिल्ली में।

इस दिल्ली में एक नहीं सौ लाख दिल्लियाँ रहती हैं
सबको भरम कि आएगी अपनी भी बारी दिल्ली में।

दिल्ली एक अलग दुनिया है दुनिया-सी बस दिखती है
नहीं चलेगी इस दुनिया की दुनियादारी दिल्ली में।

देख तेज़ रफ़्तार कार की मत समझो मसरूफ़ उन्हें
कारों में भी घूमा करती है बेकारी दिल्ली में।

दो आने में दिल की फोटोकॉपी बिकती रहती है
सब कुछ करना प्यार न करना कारोबारी दिल्ली में।

ओ मेरी मुमताज नहीं बनते दिल्ली में ताजमहल
पूछो मत किस तरह चाँदनी रात गुज़ारी दिल्ली में।

एक भी मिसरा सुबह की धूप से कमतर नहीं।
यह ग़ज़ल की रात जिसमें रात रत्ती भर नहीं।

चाँद के रोड़े, सुहानी चाँदनी की चिंदियाँ
अब ग़ज़ल के ख़्वाब में भी ख़्वाब सा मंज़र नहीं।

टूटने के दौर में भी टूटने से बच गई
मुतमइन हूँ अब ग़ज़ल के टूटने का डर नहीं।

एक भी मुद्दा न छोड़ेगी, न छोड़ेगी ज़मीन
खुल गए हैं पाँव तो कुछ हाथ के बाहर नहीं।

मारती हैं साँप, पत्थर तोड़ती हैं लड़कियाँ
भेड़ियों के सामना में आपसे कमतर नहीं।

काम करते हैं किसी दरबार में जाते नहीं
ये फ़क़त ग़ज़ले नहीं है मैं फ़क़त शायर नहीं।

मैं सुनाकर ही रहूँगा वक़्त चाहे जो लगे
सिर्फ़ कहने के लिए सरकार ये तेवर नहीं।

जो ग़ज़ल पढ़ते नहीं उन तक तुम्हारी हो रसूख़
अब करोड़ों घर तुम्हारे मैं तुम्हारा घर नहीं।

राज आई है फ़िज़ा जबसे इबादतगाह की।
राज बंदों का रहे, मर्ज़ी हुई अल्लाह की।

सलवटें ईमान की दिखती नहीं ऐलान में
धुँध में लिपटी हुई आवाज़ आलीज़ाह की।

हरम के हिजड़े अगर होते तभी तो जानते
किस गटर में गल रही है दाल शहंशाह की।

आइना अक़बर का औरंगज़ेब ने खुरचा उसे
देखता कैसे ज़फ़र सूरत बहादुरशाह की।

यह तरक़्क़ी है कि है तनहाइयों की इक गुफा
यह अँधेरा है कि है काली दुआ हमराह की।

एक जैसे हैं सभी उस बर्फ़ से इस झाग तक
ख़ाल है ज़म्हूरियत की रूह तानाशाह की।

बात करिए शायरों से पढ़िए ग़ज़लों की किताब
ज़ख़्म हो दिल में अगर चलती नहीं ज़र्राह की।

इक बियाबान में सपनों के सफ़र होता है।
देख लेना सुबह चेहरे पे असर होता है।

लैला मजनू सी मुहब्बत है मुझे दुनिया से
चोट लगती है उधर, दर्द इधर होता है।

साँप बाज़ार में आए हैं देखने के लिए
कैसा इन्सान के दाँतों का ज़हर होता है।

छत फ़लक, फ़र्श ज़मीं और उफ़क़ दीवारें
बेघरों के लिए अल्लाह का घर होता है।

'स' सियासत की सुने 'च' को लगे चाल भली
सच को अंदर से बिखर जाने का डर होता है।

दिल कटे खेत में मुस्तैद वह बिजूका है
जिसकी यादों में परिंदों का शहर होता है।

दूध के धोए दरिंदों की हुकूमत का दौर
अब कहाँ कांधे पर, अब हाथ पर सर होता है।

क्या विरासत की नुमाइश है, क्या सदाक़त है
तख़्त चाँदी का है, खादी से कवर होता है।

नम अँधेरे से निकलती है दबे पाँव ग़ज़ल
रोज़ जब रात को बारह का गजर होता है।

(फ़ैज़ और दुष्यन्त कुमार के लिए)

जब कभी प्यार ज़माने से खार खाता है।
उसके चेहरे पे नया सा निखार आता है।

ख़र्च मैं हो गया दिल की दुकान पर कब का
अब तो जो भी मँगाइये उधार आता है।

क्या कशिश है तेरे मलवे में कि जलवे झूठे
जो भी आता है यहाँ बार-बार आता है।

वह समझता है शराफ़त को ऊन का कुर्ता
जब कड़ी धूप हो उसको उतार आता है।

मौसमे इश्क़ में तन्हाइयाँ नहीं होतीं
तेरे जाते ही तेरा इंतज़ार आता है।

आँधियाँ नींद की दीवार से नहीं रुकतीं
खिड़कियाँ ख़्वाब की खुलती हैं गुबार आता है।

आ गया सूरज बहुत नज़दीक अब कुछ सोचिए।
आँख रौशन और दिल तारीक़ अब कुछ सोचिए।

आप के हम्माम मलमल के चँदोवे क्यों हुए
छत दरो दीवार क्यों बारीक़ अब कुछ सोचिए।

आपकी ईमानदारी भी कमीज़ें तय करें
बात कुछ लगती नहीं है ठीक अब कुछ सोचिए।

यह करिश्मा सिर्फ़ बातों से नहीं होगा जनाब
तोड़नी है चुप्पियों की लीक अब कुछ सोचिए।

कठघरे में धूप, जकड़ी बेड़ियों में चाँदनी
है धुएँ के हाथ में तहक़ीक़ अब कुछ सोचिए।

आपने गर्दन झुकायी थी अक़ीदत से मगर
तन गई तलवार सी तौफ़ीक़ अब कुछ सोचिए।

मौत से था डर जिन्हें सब घर गए।
क्या पता ज़िन्दा बचे या मर गए।

हारने वाले शरीक़े जंग है
जीतने वाले उधर डर कर गए।

थी वजह कोई हुए मुजरिम फ़रार
जेल में उठते हुए कुछ सर गए।

सर फ़लक लौटा दिए सरकार ने
मुफ़्त में इन पंछियों के पर गए।

लीजिए अब खेल का खुलकर मज़ा
कुछ नियम मैदान से बाहर गए।

ख़ून ताज़ा ज़ख़्म का मरहम हुआ
ज़ख़्म थे जितने पुराने भर गए।

वो ग़ज़ल जो कह न पाएँगे कभी
नस्ले नौ के नाम उसको कर गए।

अक़्ल का कब्ज़ा हटाया जा रहा है।
जिस्म का जादू जगाया जा रहा है।

लाख पी लो प्यास बुझती ही नहीं है
क्या पता क्या-क्या पिलाया जा रहा है।

हर तरफ़ डाकू बसाए जा रहे हैं
वक़्त को बीहड़ बनाया जा रहा है।

हद ज़रूरत की उफ़क़ छूने लगी है
क़द ज़रूरत का बढ़ाया जा रहा है।

सोचने से मुल्क बूढ़ा हो गया है
सोच से पीछा छुड़ाया जा रहा है।

सख़्तजाँ हैं ये हरे फल हरे पत्ते
पेड़ को नाहक हिलाया जा रहा है।

नींद धरती की उड़ाई जा रही है
चाँद को सोना सिखाया जा रहा है।

साज़िशें मुझको गिराने की कहीं हैं
क्यों मुझे इतना उठाया जा रहा है।

हम तो आशिक़ हैं बारिश के कब से शीश मुड़ाकर बैठे।
पूछो मेघों के स्वामी से ओले कहाँ छुपाकर बैठे।

गिद्धों ने संन्यास बेचकर ज़हर बुझे बघनखे ख़रीदे
और विक्रमादित्य प्लेट में अपनी प्रजा सजाकर बैठे।

सूरज की छतरी के नीचे गरम तवा पर बैठा हूँ मैं
देखें किस दीवाने में दम है जो मुझे उठाकर बैठे।

बस सकती हैं चौपालें फिर लेकिन पहल करे तो कोई
अरसे से ठंडे अलाव को कोई तो सुलगाकर बैठे।

तुम भी देखो, हम भी देखें गिरे हुए सूखे पत्तों को
तुम भी शाख़ हिलाकर बैठे, हम भी शाख़ हिलाकर बैठे।

फिर मैली होगी फिर कुढ़कर धोएँगे गाढ़े आँसू से
ओसारे में फिर दादा जी दिल की दरी बिछाकर बैठे।

लाख ढूँढिए नहीं मिलेंगे गुज़री हुई सदी के मुजरिम
नयी सदी के जलसाघर में चेहरे नए लगाकर बैठे।

अजब देश है, अजब समय है ख़बर पहेली-सी लगती है
मंत्री जी ने होम किया था, अफ़सर हाथ जलाकर बैठे।

दरिया बहाके बोल कि चिड़िया उड़ाके बोल।
पोशीदा पहाड़ों को निशाना बनाके बोल।

यह देख कि सुनता है कि सुनता भी नहीं है
गर्दन उठाके बोल, निगाहें मिलाके बोल।

हिम्मत तुम्हारी सो गई मर तो नहीं गई
झकझोर ज़रा ज़ोर से, उसको जगाके बोल।

दिखता है तरफ़दार मगर है कि नहीं है
उसको अज़ीज़ बोल मगर आज़माके बोल।

चिकना सा अँधेरा है मगर है तो अँधेरा
रुखड़ा है दिया लाख, दिए को जलाके बोल।

बेचारा दिखोगे अगर , चारा न मिलेगा
रातों में चीख़, दिन में दुलत्ती लगाके बोल।

दस्तक नवाज़ घर न मिलेंगे तुम्हें कहीं
घंटी अगर नहीं हो तो साँकल बजाके बोल।

ख़तरा न बोलने में बोलने से अधिक है
बातों को चबाती हुई चुप्पी चबाके बोल।

सच कहूँ तो है यही उम्मीद की असली वजह।
दिल अभी अपनी जगह है, सर अभी अपनी जगह।

क्यों नहीं सिजदे मिलें सूरज बहादुर आपको
है रुपहली आपसे बीमार पानी का सतह।

रात भर जलता रहा क्या माँद जैसी रात में
आँख जैसे ही खुली अंगार सी टपकी सुबह।

ख़ून से गुज़री ज़माने के दुखों की रोशनी
वक़्त का काग़ज़ न मैं, मेरा नहीं कौसे कुजह।

रास्ते बच्चे बना लेंगे बड़े आराम से
सिर्फ़ इतना कर गुज़र दीवार को दीवार कह।

सोचता हूँ जंग की शुरुआत खुद से ही करूँ
हो गया हूँ आजकल मैं भी तुम्हारी ही तरह।

शाम के पहले बहुत पहले हुआ सूरज हलाल।
रात से ज़्यादा बड़ा है सुबहे फ़रदा का सवाल।

फ़ैसले की बात है तो राय मेरी पूछ ले
आदमी हूँ, यार सिक्कों की तरह तो मत उछाल।

इस चमक में आग भी है जल न जाए तू कहीं
.खुश बहुत है तू अगर तो आँख से आँसू निकाल।

रोशनी का ज़ुर्म है मुजरिम नहीं है दीदवर
खींच सकता है अगर तो रोशनी की खींच ख़ाल।

आइना है तू शहर के लोग है खुद आशना।
मुतमइन रह लोग कर देंगे तुम्हारी देखभाल।

रोशनी में जो खड़े हैं रोशनी उनसे नहीं
रोशनी जिनसे पड़े हैं वे अँधेरे में निढाल।

सब मरेंगे सेब, सपने, चाँद, पानी और तू
किश्तियाँ अपनी जलाकर झील को अब मत उबाल।

रुक सकेंगे ये परिंदे सिर्फ़ दो हालात में
आसमाँ को मूँद दे या पंख इनके काट डाल।

माना, मेरा मुँह सी दोगे, उसकी जीभ कतर दोगे।
पर अपनी बड़बोली आँखों को कैसे चुप कर दोगे।

पत्थरबाज़ी से नफ़रत है लेकिन मुझको आती है,
उतने तो लौटा ही दूँगा जितने तुम पत्थर दोगे।

लड़नेवालों को बंकर, मर जानेवालों को क़ब्रें
ख़ुद को क्या दोगे जब हथियारों को अपना घर दोगे।

अंधा मूसल, हाथ मशीनी, उल्टा स्विच, शातिर उँगली
ऊखल में चाँदी के चावल, लालच में तुम सर दोगे।

एक तरफ़ से धन्वन्तरि, दूसरी तरफ़ से तक्षक हो
काट ज़हर का दोगे तुम हँसकर, लेकिन डँसकर दोगे।

बेटी जैसी गोरैया को तुम से यह उम्मीद न थी
पिंजरे के बाहर, ऊपर अम्बर नीचे सागर दोगे।

रच डाला है कैसा रिश्तों का बाग़ीचा काग़ज़ पर
ओ लिखनेवाले, बोलो, कितने में यह मंज़र दोगे।

परिंदों ने समेटे पर ज़रा सी धूप बाक़ी है।
सुनहरे हो गए मंज़र ज़रा सी धूप बाक़ी है।

चलो आओ दिखा दें आँच कुछ गीली उदासी को
कि इस छलनी हुई छत पर ज़रा सी धूप बाकी है।

अभी कुछ वक़्त है हम खोल सकते हैं कई गाँठें
अभी क्या खोलना बिस्तर ज़रा सी धूप बाक़ी है।

किसी रणछोड़ के बल से न जीतोगे सदा अर्जुन
जयद्रथ का कटेगा सर ज़रा सी धूप बाक़ी है।

मियाँ, सूरज अभी लौटी नहीं है घोंसले में माँ
अभी तू .ख़ुदकुशी मत कर ज़रा सी धूप बाक़ी है।

बरहना जिस्म लेकर आ रही इक्कीसवीं दुल्हन
लिखो ऐ बीसवीं कोहवर ज़रा सी धूप बाक़ी है।

हाथ पे हाथ बुरी बात हटा ले कोई।
वक़्त ने हाथ बढ़ाया है मिला ले कोई।

ओस के धोखे में सूरज न क़त्ल कर दे मुझे
अश्क की बूँद हूँ पलकों पे सजा ले कोई।

फ़स्ले दीवार का मौसम है मुल्क में यारो
ज़िक्रे बर्लिन न हवाओं में उछाले कोई।

एक के बाद एक घर तिलिस्म में तब्दील
डालता जाता है दरवाज़ों पर ताले कोई।

अपने कंधे पे मुझे अर्थियाँ ढोनी होंगी
आज बंदूक़ शराफ़त से हटा ले कोई।

वह खुलेआम खोलता है खिड़कियाँ सच की
चलो बचाएँ उसे, मार न डाले कोई।

तमाम रात रेशमी मकान में सोकर
बेच लेता है सुबह पाँव के छाले कोई।

अब इसे ढाल न पाएँगी कभी टकसालें
दिल चवन्नी है हिफ़ाज़त से सँभाले कोई।

सोच आँचों में गले पर न ढले साँचों में
सोच को राह दे, साफ़ा न बना ले कोई।

जिस तरह आग मरे मुँह पे रखी जाती है
यूँ बुज़ुर्गों को खिलाए न निवाले कोई।

कैसे बच्चों के सवालों को अनसुना कर दे
कैसे .ख़ुद को करे माज़ी के हवाले कोई।

आँकड़ों से पीटना सरकार को महँगा पड़ा।
आँकड़ों को पीट बैठा आँकड़ों का आँकड़ा।

एक में बासी हुआ जल, एक में ताज़ा रहा
एक चाँदी की सुराही, एक मिट्टी का घड़ा।

आइना बाज़ार का कैसे नहीं अच्छा लगे
अक्स देता है बिकाऊ और असली से बड़ा।

धूप देती ही नहीं है जागने का हौसला
जागने की सीख लेकर सूर्य खिड़की पर खड़ा।

ज़ख़्म बदला कोख में फिर कोख से निकली ग़ज़ल
फिर समय के पाँव में इतिहास का काँटा गड़ा।

यह सड़ाँधों का शहर है राज नकटों का यहाँ
कहें किससे नाकवाले क्या सड़ा कितना सड़ा।

तुम उठो, तुम भी उठो इन आँधियों में दम भरो
साफ़ होगा यूँ नहीं उन क़ातिलों का सूपड़ा।

हज़ार ख़्वाब हमारी शबों में आते हैं।
बुरा हो नींद का टूटी कि टूट जाते हैं।

हम ठहाकों की जगह सिर्फ़ मुस्कुराते हैं।
शोर के शहर में आवाज़ यूँ उठाते हैं।

वो आसमान है उसको गुरूर सूरज का
हम अपने ख़्याल के बादल से छत बनाते हैं।

कहाँ-कहाँ की लिए रेत उफनता दरिया
जिन्हें पता है वही लोग पुल बनाते हैं।

बिके नहीं हैं, बिकेंगे भी नहीं, कुछ करिए
अजीब आइने हैं दाग़ भी दिखाते हैं।

जितनी होती थी वजह बाल गँवाने की कभी
उससे कुछ कम पे यहाँ लोग सर गँवाते हैं।

हमारे ख़्याल रोशनी में नहा लेते हैं
किसी की राह में जब भी दिया जलाते हैं।

हम अपनी बाग़ी चीख़ों के चलते जो मशहूर हुए।
ख़ंजर से कुछ ज़ख़्म मिले थे, नश्तर से नासूर हुए।

हम भी मालिक तुम भी मालिक, हर मालिक के मालिक भी
जाने किस मालिक की रहमत से खट्टे अंगूर हुए।

ज़िंदा रहते तो सुरंग में कोई दिया जला लेते
रूहानी ताक़त के झाँसे में मरकर मज़बूर हुए।

जिन पर बैठ कभी वे गुम्बद होने का सुख पाते थे
दहशत की उन मीनारों से गिरकर चकनाचूर हुए।

'बुझे नहीं' कह कर दादी ने सच की जो सिगड़ी दी थी
उसे जलाए रखने की कोशिश में कई क़सूर हुए।

'क' से पहले 'कौन' बोलता हूँ तब कहता हूँ 'काकी'
पास हुई हैं जबसे दीवारें, दरवाज़े दूर हुए।

बँधने के राज़ीनामे से बँधी नदी की कौन सुने
बहने लगी इशारे पर तो नखरे नामंज़ूर हुए।

भुज की भुजा उठाकर पूछ रहा हूँ पालनहारों से
दिन ही क्या बीते थे मेरे सीने में लातूर हुए।

उँची उलटबाँसियाँ वाले बाँस पकड़ कर उलट गए
कुछ दल-दल के दास हुए बाक़ी सत्ता के सूर हुए।

दावे कहाँ तोड़ पाते हैं दाँत समय की आरी के
कटने तक कैलाश कई थे, कटते ही काफ़ूर हुए।

हौदे में बैठे कानों को अंधे अच्छे लगते हैं
जिनके सपनों के हाथी में बैठे और हुज़ूर हुए।

छत तक जाना कभी नहीं है छत पर जाना या होना
जो भी क्षत्रप हुए छतों के सीढ़ी के तंदूर हुए।

नक़्शा जो मन के काग़ज़ पर बनता है।
उसके जैसा कहाँ कभी घर बनता है।

एक पुराने डर के चलते बनवाया
घर के चलते रोज़ नया डर बनता है।

शीत युद्ध के अंदेशे के साये में
क़दम-क़दम पर रिश्ता बंकर बनता है।

गेहुअन बनकर गद्दी पानेवाले को
गद्दी जब डँसती है अजगर बनता है।

मेरे भीतर बस मेरा 'मैं' रहता है
मेरा जो है मेरे बाहर बनता है।

दुख का धंधा छोड़ोगे तो समझोगे
कैसे कोई दुख पैग़म्बर बनता है।

पैरों के नीचे पानी सिर पर पृथ्वी
जब भी कोई देश दिगम्बर बनता है।

बनता है जनवरी काम पड़ जाने पर
जैसे निकला काम दिसम्बर बनता है।

स्याहियों में घुली फ़िज़ा मानो।
चाँद उल्टा हुआ तवा मानो।

साँस लेता नहीं कहीं कोई
हो गई है हवा हवा मानो।

सब दुखों का इलाज है अंतिम
राम के वाण को दवा मानो।

सच बताने की क़सम खाता है
क़त्ल उस शख़्स का हुआ मानो।

पहले ख़ुद को अगस्त्य में बदलो
तब किसी झील को कुआँ मानो।

क्या पता क्या उगल गया सूरज
आँख में भर गया धुआँ मानो।

एक इल्ज़ाम सर गया मेरे
बोझ दिल से उतर गया मानो।

दे गई है पाक पुड़ियों में ज़हर तिरछी हँसी।
अब हँसेगा आपका सीधा शहर तिरछी हँसी।

स्याह बादल से ढँके हैं आजकल सातों फ़लक
है .ख़ुदा के होंठ पर आठों पहर तिरछी हँसी।

बेचने वाले इसे पर्वत बनाने लग गए
दे गई सरसों बराबर एक डर तिरछी हँसी।

जोंक है डालो पसीने का नमक मारो इसे
मार सकती है लहू को चूसकर तिरछी हँसी।

ख़ूब भाते हैं इसे जनतंत्र के ढीले लिबास
फैल सकती है कि जिसमें उम्र भर तिरछी हँसी।

छेद कर हर जिल्द को दिल का लहू पीने लगी
होंठ से झरकर गिरी थी कोट पर तिरछी हँसी।

फिर रहे हैं माँगते दिलक़श ठहाके ठौर अब
कर गई अच्छे मकीं को दर-ब-दर तिरछी हँसी।

प्यास बाँटी, कुएँ बेचे, दे गई है फाव में
अक़्ल को मेढ़क बनाने का हुनर तिरछी हँसी।

उफ़ ख़बर लेती नहीं है और देती भी नहीं
पर सितम यह रोज़ बनती है ख़बर तिरछी हँसी।

तक़ाज़ा वक़्त का है ख़्वाब चीज़ों में बदल जाएँ।
चलो हम तुम दबा कर नींद पलकों में निकल जाएँ।

हमारे ख़ून में पिघला हुआ सोना लगा बहने
हमें डर है कि सिक्कों में कहीं हम भी न ढल जाएँ।

छतों से छाँव की उम्मीद अब भी है, मगर क्यों है
तपिश ऐसी कि घर की ठोस बुनियादें पिघल जाएँ।

मरे दिन के सिरहाने शाम का उतरा हुआ चेहरा
अँधेरों से गुज़ारिश है इन्हें आकर निगल जाएँ।

चिराग़ों की तरह जलना नहीं मुमकिन मगर यारो
चिराग़ों की जगह ये हाथ मुमकिन है कि जल जाएँ।

मिट्टी हुई है लावा, दहका हुआ फ़लक है।
ठिठुरे हुए दिलों में तफ़रीह की ललक है।

जो धूप सितमगर थी इस बाम पर नहीं थी
हाँ शाम सुहानी है, हाँ रात की रौनक़ है।

राहें न बनीं तो क्या, बाहें न बढ़ीं तो क्या
चाहो तो चले आओ आवाज़ भी सड़क है।

सोने पे मुझे शक था क्या दूर किया तुमने
ऐ आग, सच कहूँ अब तुझ पर ही मुझे शक है।

तहज़ीब किसे कहिये, कहिये किसे तमद्दुन
जब तय नहीं हुआ है जीने का किसे हक़ है।

तकलीफ़ नहीं घटती, यह रात नहीं कटती
कुछ नींद ज़ख़्म जैसी, कुछ ख्वाब में नमक है।

हैं चाँद सितारे चुप, ख़ामोश हैं हवाएँ
कोई नहीं बताता यह रात कहाँ तक है।

तेरी आँख नम तू बुझा हुआ तुझे क्या किसी की तलाश है।
तू मुझे जला ले चिराग़ सा तुझे रोशनी की तलाश है।

तुझे रोशनी की तलाश है तुझे देखना है जहान को
मुझे कोख होना क़बूल है, मुझे तीरग़ी की तलाश है।

मुझे खुशबुओं की तलाश थी, मैं गुलों के पास नहीं गया
वही जाके नोचे गुलाब को जिसे पंखुड़ी की तलाश है।

जहाँ हँस सकूँ, जहाँ रो सकूँ, जहाँ लम्बी तान के सो सकूँ
जहाँ अपनी बातों को बो सकूँ, मुझे उस ज़मीं की तलाश है।

जहाँ खो सकूँ, जहाँ पा सकूँ, जहाँ दोस्त सबको बना सकूँ
जहाँ पहला शेर सुना सकूँ, मुझे उस गली की तलाश है।

जिसे पी सकूँ, जिसे जी सकूँ, जो फटे अगर तो मैं सी सकूँ
पसे ज़िंदगी मैं पड़ा हुआ मुझे ज़िंदगी की तलाश है।

जो चढ़े तो उतरे बिखर-बिखर कि ज़मीन जाए सँवर-सँवर
जिसे सागरों की तलब नहीं उसे मुझे उस नदी की तलाश है।

जो शुरू हो आबे हयात से जो ख़तम हो बाग़े निशात में
जहाँ ख़ंजरों का चलन न हो मुझे उस सदी की तलाश है।

तू जहाँ कहेगा झुकाओ सर, वहाँ सर कभी न झुकाएँगे
वो खुदा नहीं न वो देवता जिसे बंदगी की तलाश है।

फ़ल्सफ़े में फँस गए हम सब्र में घाटा हुआ।
सामने जो फूला था वह सूखकर काँटा हुआ।

पीढ़ियों का है तजुर्बा अब ज़हर चढ़ता नहीं
लाइए पानी, पिएगा आपका काटा हुआ।

थूक कर तो चाटते ही थे सियासी लोग पर
थूकते हैं देखिए क्या शान से चाटा हुआ।

चाहकर भी घर का आटा हम न गीला कर सके
नैन बेपानी हुए जब हाथ में आटा हुआ।

यह तमाशा काठ की हाँड़ी नहीं तो और क्या
शोर आने का बहुत आए तो सन्नाटा हुआ।

कह रहे औज़ार साये से कि घबराये नहीं।
पेड़ कटते हैं कहीं भी पेड़ के साये नहीं।

ज़ुल्म की आदत उन्हें चाहत सुकूते मर्ग की
ज़ख़्म से उम्मीद रखते हैं कि चिल्लाये नहीं।

चोंच में अपनी दबाकर ले गई चिड़िया गुलेल
फ़िक्र तो होगी उन्हें कि नज़ीर बन जाए नहीं।

ताउफ़क़ गीला अँधेरा, गुम सुरागे़ रोशनी
कुफ़्र है ग़र तू ज़हन में आग भड़काये नहीं।

क्या ज़रूरत वज़्म की है तू अगर है रू-ब-रू
क्या ज़रूरत वज़्म की ग़र तू नज़र आये नहीं।

फूल जैसा खिला-खिला कहिए।
और काँटों का सिलसिला कहिए।

सारी बातें अवाम तक पहुँचें
पानी-पानी हवा-हवा कहिए।

चाँद का एतबार नामुमकिन
शाम ढलते दिया-दिया कहिए।

आप ख़ुद को पुकारिए पहले
ख़ौफ़ से तब ख़ुदा-ख़ुदा कहिए।

कुछ भी कहिए 'नहीं कहा' कहता
ऐसे झूठे को और क्या कहिए।

रोज़ सुनते हैं हम नई चीज़ें
सब नयों से भी कुछ नया कहिए।

मर न जाए ग़ज़ल मिठासों में
एक मिसरा ज़हर बुझा कहिए।

मेहरबानी बाँटिए, नामेहरबानी बाँटिए।
बेचने से जो बचे ज़िल्लेसुभानी बाँटिए।

रोज़ कालाहाँडियों में रतजगे हैं भूख से
लोरियाँ मीठी, डकारों की कहानी बाँटिए।

बस्तियाँ हैं प्यास की, सब फ़ासले हैं रेत के
आ गई हैं छलनियाँ सरकार पानी बाँटिए।

सूरदासों की सभा में बाँटिए टंकित बयान
और बहरों की सभाओं में जुबानी बाँटिए।

झोंकिए ज़म्हूरियत की भाड़ आएँगे चने
चार घानी खाइए तो एक घानी बाँटिए।

आपके ये हमवतन भी किस क़दर मासूम हैं
कह रहे हैं मुल्क में राजधानी बाँटिए।

तार-तोहफ़े ख़्वाब थे अब चिट्ठियाँ भी बन्द हैं
इत्र के अंदाज़ में यादें पुरानी बाँटिए।

फ़कीरों के लिए खोटी चवन्नी फेंकते रहिए।
दुआ की आँच पर अपने पराठे सेंकते रहिए।

कभी मिटती नहीं है प्यास बादल को चबाने से
कभी तो पेड़ बनकर आसमाँ को देखते रहिए।

अजब बरसात सहरा में, ग़ज़ल पोशाक इकलौती
इसी में भींगते रहिए, इसी में सूखते रहिए।

तड़प इन्सान दिखने की मगर परहेज़ ख़तरों से
गधों के बीच छिपना है अगर तो रेंकते रहिए।

ख़ुदा ख़त है कि है कोई लिफ़ाफ़ा क्या पता किसको
ख़ुदा के नाम पर अपने लिफ़ाफ़े बेचते रहिए।

पसीने की इबारत को चमकने दीजिए तन पर
बने फिरिए न यूँ शायर, न बैठे सोचते रहिए।

दर्द खोटा क्यों लगा, सोना खरा कैसे लगा।
क्या कसौटी थी हमारे सामने फिर से लगा।

मुल्क को तुमने जुआ घर में बदलकर रख दिया
शोर चारों ओर है, पैसे लगा पैसे लगा।

'इस' इधर है 'उस' उधर है और 'सब' है सब तरफ़
आ रहा है तू नज़र क्यों दोस्त बस 'मैं' से लगा।

ढूँढ लेना फिर कभी मीठे अँधेरों में सुकून
लौ अभी तू रोशनी की टूटती लय से लगा।

मौत जैसी नींद की मारी ज़मीनों को जगा
धूप साये में न जिनके पेड़ कुछ ऐसे लगा।

संतों ने साहिबान ने छोटा किया मुझे।
मलवा हुए मकान ने छोटा किया मुझे।

यह जुर्म किया जुर्म की मुख़ालफ़त न की
इस जुर्म की थकान ने छोटा किया मुझे।

कुछ क़द ख़रीदने के लिए जब भी गया मैं
रब की बड़ी दुकान ने छोटा किया मुझे।

सबसे बड़ी लकीरे सुख़न खींच रहा था
खुद से बड़े बयान ने छोटा किया मुझे।

कुछ अपनी तबीयत को दलदलों से था लगाव
कुछ तेरे आसमान ने छोटा किया मुझे।

छोटा हूँ सर झुका के मगर अब उठाऊँगा
अब के जो मेहरबान ने छोटा किया मुझे।

हमको परहेज़ है साहब कहाँ बदलने से।
कुछ न बदलेगा मगर बस यहाँ बदलने से।

बात कोई नहीं करता वहाँ बदलने की
हम बदल सकते हैं सचमुच जहाँ बदलने से।

न दिल, न जज़्बा, न लहजा, न नज़रिया न, नज़र
कुछ बदलता नहीं है चेहरा बदलने से।

सर झुकाने के तरीक़े के सिवा क्या बदला
दिल बदलता नहीं है देवता बदलने से।

वो उसे तोड़ता नहीं तो ख़ुदकुशी करता
दाग़ दिखने लगा था आइना बदलने से।

आपका लम्स था मरहम की तरह ज़ख़्मों पर
लम्स तेज़ाब हुआ फ़ल्सफ़ा बदलने से।

कुछ लोग इस तरह से ख़बरें खुरच रहे हैं।
लगता है ज़माने को इतिहास रच रहे हैं।

ख़त ख़ून से लिखा है खादी का लिफ़ाफ़ा है
मुंसिफ़ सरे कचहरी पढ़ने से बच रहे हैं।

अब झूठ झाड़ते हैं इस रौब से कि तौबा
विश्वास नहीं होता ये लोग सच रहे हैं।

अब आँच साँच की हो या आँच जाँच की हो
उनके लिए नहीं है जो लोग जँच रहे हैं।

किस मुँह से पहनिएगा बाना मदारियों का
बंदर नचा रहा है और आप नच रहे हैं।

आग ग़ज़लों को पिलाकर सर्दजाँ हो जाइए।
छप गईं छः सौ किताबें ओढ़ कर सो जाइए।

क्यों जलेंगे आप ही सीली लकड़ियों की तरह
सीकरी में धूप होगी सूखने को जाइए।

लीजिए यह ख़ास लोगों का इलाक़ा आ गया
ख़ास लोगों की उमड़ती भीड़ में खो जाइए।

पेट से निकले समाये पेट में ये कमनसीब
ये कहीं जाते नहीं इनके लिए तो जाइए।

आपको फिर ज़न्नते दिल्ली में बस जाने का हक़
लौटिए वापस न हरगिज़ इस दफ़ा जो जाइए।

चाहिए इसको विभीषण इसे लंका चाहिए।
झूठ है इस राम को केवल अयोध्या चाहिए।

झाग जैसा झूठ सागर से नलों तक आ गया
प्यास या पानी बताएँ आपको क्या चाहिए।

सिर्फ़ ख़ालीपन नहीं है, बाँसुरी के जिस्म में
होंठ से हिलती हवा का एक झोंका चाहिए।

द्वारिका तो बस गई, पर बच गईं ईंटें बहुत
कृष्ण को ईंटें खपानी हैं, सुदामा चाहिए।

चाहिए रेशम उन्हें ऐसा कि जो खादी दिखे
क्या लिफ़ाफ़ा है, लिफ़ाफ़े को लिफ़ाफ़ा चाहिए।

गिद्ध ही लाशें उठाते हैं महाभारत के बाद
इस सफ़ाई के लिए क्या पंचनामा चाहिए।

ख़ुदपरस्ती का सफ़र है, चाहिए किसको ख़ुदा
पर नुमाइश के लिए कुछ तो ख़ुदा सा चाहिए।

कौन अहमक़ बेचता है आजकल आबे हयात
बानगी के वास्ते लेकिन ज़रा सा चाहिए।

हम कहाँ दिल माँगते हैं, है हमारे पास दिल
है तुम्हारे पास भी इतना दिलासा चाहिए।

उर्दू में ग़ज़ल कहिए हिन्दी में ग़ज़ल कहिए।
जिसमें भी ग़ज़ल कहिए पर बात असल कहिए।

लफ़्ज़ों की लालटेनें आँधी में जलाता हूँ
अब इसको जुनूँ कहिए या इसको शग़ल कहिए।

बातें ज़रा खरी हों लेकिन हरी भरी हों
दिल जाएँ सम्हल कहिए, दिल जाएँ बहल कहिए।

मेरी ग़ज़ल गिलहरी ज़र्रा लिए खड़ी है
कहिए इसे हिमाक़त या इसको पहल कहिए।

सहिल पे खुदपरस्ती साहिल पे तंगनज़री
संगम से स्नान करिए किश्ती में ग़ज़ल कहिए।

इज़्ज़त जहान भर की पर सिर्फ़ महफ़िलों में
अब इसको सितम कहिए या इसको फ़ज़ल कहिए।

हम भी शरीफ़ थे कल पर अब छँटे हुए हैं
सब दुश्मनों को मूसल अपनों को खरल कहिए।

हिन्दी की हुमक उसमें उर्दू की खनक इसमें
अब आपकी मर्ज़ी है कहने को नक़ल कहिए।

ये वक़्त के तमाचे, तोड़ें ग़ज़ल के साँचे
हम जो कहें चुनाँचे उसको भी ग़ज़ल कहिए।

कविता भी कभी कहिए, लिखिए भी कभी ग़ज़लें
लिखिए ग़ज़ल में कविता, कविता में ग़ज़ल कहिए।

आपकी ख़ुशबुएँ उड़ा लाए।
खोलकर खिड़कियाँ हवा आए।

नींद मेरी तरह उसे आए
ख़्वाब में कोई आप सा आए।

चाँदनी रात ही मुनासिब थी
चाँद की चिट्ठियाँ जला आए।

ऐसा करिए कि उगे खेतों में
और खलिहान में दुआ आए।

कल कहाँ थे कहाँ पता है हमें
आज कैसे कहें कहाँ आए।

बात आई गई नहीं होगी
बात बच्चों को हम बता आए।

हम ख़ुदा की तलाश में खोए
अब हमें खोजने ख़ुदा आए।

हम उड़ा आए पतंगें तो लगा
हक़ हवाओं पे हम जता आए।

आग हाक़िम ने बरामद कर ली
पर उसे फूस में छिपा आए।

उफ़ ये रफ़्तार, उठाए पर्दे
और दीवार भी उठा आए।

वो हुक़ूमत चलो बहाल करें
लोग माँगें तो रास्ता आए।

झील लिखिए कि समंदर लिखिए।
अपने कमरे में बैठ कर लिखिए।

क्या ज़रूरी है धूप में सिंकना
सिंकनेवालों से पूछ कर लिखिए।

चाँद पर लिख गए ज़मीं वाले
चाँद पे रहिए ज़मीं पर लिखिए।

जाल हो पर नज़र नहीं आए
उसमें परवाज़े कबूतर लिखिए।

दिल की आवाज़ न लिखने देगी
अक़्ल से हाथ हिलाकर लिखिए।

ज़ख़्म ईनाम दिला सकता है
ज़ख़्म माथे पे सजाकर लिखिए।

शायरी जंग छेड़ सकती है
क़ीमती जान बचाकर लिखिए।

रात के ख़्वाब दिन की नींदों में
दिन के बारे में रात भर लिखिए।

जो ज़रा अलहदा दिखाई दे
ऐसे काग़ज़ पे रहगुज़र लिखिए।

जो खुले सिर्फ़ आपकी ख़ातिर
नज़्म के घर में ऐसा दर लिखिए।

शेख़ ईनाम बाँटने आए
उनके पाँवों पे अपना सर लिखिए।

और भी शौक हैं सुख़न के सिवा
कौन कहता है उम्र भर लिखिए।

मुल्क को चौहद्दियों से वह दिलाएगा निज़ात।
सौंप दोगे तुम जिसे कमज़ोरियों के काग़ज़ात।

यह युधिष्ठिर हार जाएगा हमारे सब क़िले
बिछ गया है देखकर बिछती हुई ग्लोबल बिसात।

ढूँढते हैं आप बादल को गवाही के लिए
वह बरस कर धो गया होगा सबूते वारदात।

देवदारो, आग तो है पर चिनारों की नहीं
फूल जैसी आग से जलता नहीं बाग़े निशात।

सोच में मड़रा रही है मौत प्यासी चील सी
ढूँढती होगी ग़ज़ल की आँख में आबे हयात।

आप पहले चाँद को गीली नज़र से पोछिए
देखिएगा तब किसी की कनखियों में क़ायनात।

चाँद से नाराज़ हूँ मैं, चाँद है मुझ से ख़फ़ा।
देखिए अब क्या निकलता है सुलह का रास्ता।

चाँदनी का चाँद ने सौदा किया मैं चुप रहा
चाँद ग़ैरों से बुरा मैं भी कहाँ अपना हुआ।

ख़त्म होगा एक दिन गूँगे अँधेरों का सफ़र
चाँदनी से पूछिएगा जुर्म था किसका बड़ा।

रोशनी जैसी हँसी, ताज़ा गुलाबों सा वजूद
वस्ल से ज़्यादा हसीं है यह महकता फ़ासला।

एक ही ख़्वाहिश कि मेरे बाद सब पूछें सवाल
आग के दरबार में पानी सरीखा कौन था ?

चाहते हो वापसी तो छोर पर लटके रहो
अब नहीं होता सियासत के सफ़े पर हाशिया।

साँस की मानिंद मामूली हवा के साथ है
रोज़ पड़ता है ग़ज़ल का आँधियों से साबक़ा।

वक़्त की रफ़्तार में खोई रदीफ़े ज़िंदगी
आइए मिलकर बचाएँ धड़कनों का काफ़िया।

लगी है आग हवाओं से बात करता है।
मेरे जुनूँ का परिंदा उड़ान भरता है।

बुझी ज़मीन पर सूरज उतारने के लिए
हवा में राह बनाता हुआ गुज़रता है।

वो आइना भी बिखरता है टूटकर दिल सा
कि जिसको देखकर ऐ जिस्म तू सँवरता है।

लहू लिए हो कि पानी लिए हो सीने में
कभी भी वक़्त का दरिया नहीं ठहरता है।

बिकाऊ किश्तियाँ ठंडे लहू की झीलों में
निगाह डालने में चाँद तक सिहरता है।

उठी है लाश सुनहरी गली से फिर यारो
यहाँ गुलाब के कूचे में कौन मरता है।

उफ़क़ को देखकर दिल में ख़्याल उठता है
कि जो है आसमाँ वह भी कहीं उतरता है।

हर तरफ़ स्याह समंदर दिखाई देता है।
सिर्फ़ बाज़ार मुनव्वर दिखाई देता है।

जो फ़रिश्ता था फ़ल्सफ़े की बात करता था
वह भी शो-केस के अंदर दिखाई देता है।

उठा हुआ सा कटा सर दिखाई देता था
झुका हुआ सा उठा सर दिखाई देता है।

अमनपरस्त हो गए बहेलिए सारे
अमन लज़ीज़ कबूतर दिखाई देता है।

जो मेरे ख़्वाब में चुपके से कभी आता था
सबके चेहरे पर वही डर दिखाई देता है।

संगमरमर के लिफ़ाफ़े में प्यार की चिट्ठी
चाँदनी रात में बेहतर दिखाई देता है।

रोशनी थी तो निगाहों से तुम्हें छूता था
घुप्प अँधेरा है तो छूकर दिखाई देता है।

रोशनी थी तो वह बाहर दिखाई देता था
घुप्प अँधेरा है तो भीतर दिखाई देता है।

वह सरगना जिसे फ़रार बताते हैं हुजूर
दरे हुज़ूर पर अक्सर दिखाई देता है।

.ख़ुदा करे कि यह मंज़र मेरा वहम निकले
जिसे भी देखिए ख़ंजर दिखाई देता है।

जहाँ बर्फ़ की निर्मम परती रहती है।
मित्र, वहाँ भी अपनी धरती रहती है।

पर्वत-पर्वत पर बिछता रहता अपना जल
जब भी उसकी ऊष्मा मरती रहती है।

अम्मा के सपने में आँधी आती थी
बेटी आँधी के कश भरती रहती है।

सन्नाटे मिलते हैं शोर शराबे में
तनहाई तो बातें करती रहती है।

कल से कल तक जाती हुई सदानीरा
जाने क्यों प्यासों से डरती रहती है।

विद्वानों को हज़्म न होगी वे घासें
जिन्हें ग़ज़ल बकरी सी चरती रहती है।

रिसता रहता है सुरंग में मीठा जल
और ट्रेन सी प्यास गुज़रती रहती है।

एक सच के मायने सौ कर लिए मुमकिन जनाब।
झूठ को भी आपसे आने लगी है घिन जनाब।

है ज़रा सी जान पर डरती नहीं हैं आपसे
आप में दुखती हुई रग़ खोज लेगी पिन जनाब।

दर्द सब ज़ख़्मी ग़िज़ालों के पके, पत्थर हुए
अब ग़ज़ल नाज़ुक नहीं है अब नहीं कमसिन जनाब।

आपने जिनको उतारा था ज़हर के घाट कल
आज उनको दूध जब बातें हुईं नागिन जनाब।

चाँद क्या टेढ़ा करेगा मुँह हमारे सामने
ढल गया है आज दिल में एक उजला दिन जनाब।

खुदपरस्ती के शज़र पर है सियासत की लतर
ख़ूब गुल खिलते हैं फल आते नहीं लेकिन जनाब।

सब समझते हैं क्या ज़रूरी था।
तख़्त तक रास्ता ज़रूरी था।

राह तो थी सड़क बनानी थी
यह धमाका बड़ा ज़रूरी था।

चोटियों पर जगह की क़िल्लत है
रास्ते में ख़ुदा ज़रूरी था।

ज़िन्दगी बन गई मिटाने में
प्यार में फ़ासला ज़रूरी था।

ज़र्रा-ज़र्रा पहाड़ हो जाता
हाथ में हौसला ज़रूरी था।

ज़ख़्म लेने थे ज़ख़्म देने थे
आमना सामना ज़रूरी था।

चाँदनी में गुरूर घुल जाता
झील का आइना ज़रूरी था।

शेख़ पीते तो नहीं हैं शराबख़ाने में।
लगे हैं आजकल रिंदों को मय पिलाने में।

जंग लड़ने के लिए ज़िंदगी ज़रूरी है
लगी है नौकरी दुश्मन के कारख़ाने में।

पड़ा है मुझ पर अलादीन का साया शायद
चिराग़ ढूँढ रहा हूँ कबाड़ख़ाने में।

बुत हुए बेशुमार लोग बुतों की ख़ातिर
कुछ बनाने में हुए और कुछ मिटाने में।

निकल गया हूँ ख़ुदा ओ सनम के झगड़े से
ख़ुदा की रोशनी पाई है सनमख़ाने में।

इश्क़ तो चाय है तुलसी की तेरे हाथों की
क्या पता आग का दरिया था किस ज़माने में।

फ़ल्सफ़ा जिसका उसी के लहू से सिंचता है
और मरता है किसी और का बहाने में।

दिल अँगीठी की तरह रात भर सुलगता है
कौन देगा पनाह अपने आशियाने में।

जिनके उठने से उठें लोग उन सवालों को
रखिये माचिस की तरह सोच के सिरहाने में।

जिसने प्रतिबंधों का दर्द सहा होगा।
उसके होंठों पर सच का बिरहा होगा।

जैसे सबके पुरखों के घर ढहते हैं
वैसे ही राजा का महल ढहा होगा।

झरना फूट रहा होगा भीतर-भीतर
भीतर-भीतर पर्वत टूट रहा होगा।

शब्दों को चर-चर कर पगुराने वालो
फिर मालिक के हाथों में पगहा होगा।

कोलतार का पर्दा डाल गया कोई
पत्थर के ज़ख़्मों से ख़ून बहा होगा।

ज्ञानी ने ज्ञानी की जड़ काटी होगी
मूरख ने मूरख का हाथ गहा होगा।

जूते जो कहते पॉलिश के डिब्बे से
साँपों ने चंदन से वही कहा होगा।

मैं नदी का शोर हूँ मैं हूँ परिंदों का बयान।
काट सकते हो अगर तो काट लो मेरी ज़ुबान।

मैं अगर मिट्टी महज़ होता दफ़्न आसान था
मैं हवा हूँ, रोशनी हूँ छेंक लूँगा आसमान।

बिक रहे हैं खुशनुमा नक़्शे खुले बाज़ार में
खेत में उगता नहीं हँसता हुआ हिंदुस्तान।

बह गया ऐय्याश सूरज रात के सैलाब में
रोशनी के नाम पर हैं शेष कुछ जलते मकान।

खा गया गर वक़्त वहशी फूल की नस्लें तमाम
जो किताबों में दबे हैं फूल खोलेंगे ज़ुबान।

फ़िक्र बाढ़ों में शहर के डूबने की कब उसे
वह बचाना चाहता बेदाग़ ख़तरों के निशान।

बढ़ गईं नज़दीकियाँ पर दूरियाँ घटतीं नहीं
काँच की दीवार है शायद हमारे दरम्यान।

पंख की ख़ातिर गँवा बैठे हैं अपने पाँव हम
छोड़ना भी चाहते हैं अपने क़दमों के निशान।

बेचता हूँ हौसला, हिम्मत, हँसी, हातिमपना
चाहता हूँ लोग आकर लूट लें मेरी दुकान।

आपकी शह पर कुएँ का जल समूचा पी गई।
लीजिए मरती हुई दीवार फिर से जी गई।

उठ गया है गाँव से पानी पिलाने का रिवाज़
आपके ही रास्ते पर अपकी बस्ती गई।

दृष्टि की दुखती दरारों से परेशाँ हम हुए
आप कहते हैं, नदी की रोशनी बेची गई।

सोचते ही सोचते तलवार का लोहा गया
देखते ही देखते दरबार की चाँदी गई।

शोर का कर्फ़्यू सलीबों पर टँगीं ख़ामोशियाँ
कमसुख़न हैं जो समझ लें उनकी आज़ादी गई।

डुबकियाँ महँगी पड़ीं मुझको सुनहरी झील की
हर गुस्ल के साथ रफ़्तारे क़लम घटती गई।

साथ हैं डालें, हर पत्ते, खिले गुल, पके फल
जड़ मगर मुश्किल अँधेरों में अकेली ही गई।

आततायी जल हटाना चाहते हैं बुलबुले।
हाँ, हवा के साथ जाना चाहते हैं बुलबुले।

कसमसाती झील की सारी कसावट तोड़कर
ताज़गी जल में घुलाना चाहते हैं बुलबुले।

मृत मिथक की जलपरी के गलफड़े से छूटकर
हर किसी के हाथ आना चाहते हैं बुलबुले।

आपने मिटते हुए देखा मगर बनते नहीं
बारहा बन कर दिखाना चाहते हैं बुलबुले।

हाथ होते तो क्षितिज छूकर दिखा देते ज़रूर
सिर्फ़ पानी पर न छाना चाहते हैं बुलबुले।

कानवालों से गुज़ारिश है कि साहिल तक चलें
राज़ पानी के बताना चाहते हैं बुलबुले।

हो गए तालाब बूढ़े और बूढ़ी आदतें
ज़िन्दगी भर गुड़गुड़ाना चाहते हैं बुलबुले।

आज भूली भैरवी गाती हुई इस भोर में
क्या पता किसको बुलाना चाहते हैं बुलबुले।

कोई मस्त मलंग लिफ़ाफ़ा।
कोई चपल कुरंग लिफ़ाफ़ा।

मनसबदार हुआ दिल्ली में
जो भी रहा दबंग लिफ़ाफ़ा।

कोमलताएँ कहाँ छिपाएँ
सारी दुनिया संग-लिफ़ाफ़ा।

बादल की चिट्‌ठी धरती को
है कितना ख़ुशरंग लिफ़ाफ़ा।

दोनों तरफ़ वही मज़बूरी
लौट गया बैरंग लिफ़ाफ़ा।

शायद अम्मा का ख़त होगा
आया है बदरंग लिफ़ाफ़ा।

मिला सुकून पढ़े जाने का
लगा अंग से अंग लिफ़ाफ़ा।

जो भी अपनी गाँठें ज़्यादा बाँधेगा कम खोलेगा।
कुरुक्षेत्र में धर्मराज सा आधा ही सच बोलेगा।

अगर झील में झाँक रहे हो तो पानी को मत छेड़ो
दुख होगा जब तेरा चेहरा भी पानी सा डोलेगा।

यह उत्तरआधुनिक श्वान है, सीमित निष्ठा रखता है
कार निकालेगा जब मालिक साथ हुलसकर हो लेगा।

सस्ता गुड़ ले लेगा मिसरी देने का वादा कर के
लेकिन यह सौदागर मिसरी को शर्बत में घोलेगा।

इस जंगल में एक तराज़ू मालिक जिसका बंदर है
झगड़ोगे तो बंदर रोटी अपने हक़ में तोलेगा।

शक्कर ढोती हुईं चींटियाँ उसे घिनौनी लगती हैं
लेकिन उनको शक्कर की ख़ातिर पलकों पर ढो लेगा।

सभी बरी हो जाएँगे सूरज की खुली अदालत में
हर मुजरिम कल सुबह धूप की बारिश में मुँह धो लेगा।

दिनभर काग़ज़ से खेलेगा मरहम देगा रात गए
और सितम, बिजली गुल कर देगा फिर ज़ख़्म टटोलेगा।

सेंध मारने के सारे औज़ार बेचकर आए हैं
चोर जानते हैं कपाट कोई भीतर से खोलेगा।

सुविधा का यह सागर छीन रहा है नींदों के टापू
तुझे वहम है तू इन आवारा लहरों पर सो लेगा।

आप तालाब में ज़हर रखिए।
नाम अमरित का सरोवर रखिए।

क़ब्र ग़ालिब की सजाते रहिए
और दीवान हटाकर रखिए।

सच यही है कि सच कसैला है
होंठ पर सोच समझकर रखिए।

अब नदी खेत में फ़ना होगी
शौक से शौक समंदर रखिए।

चूमिए चाँद, सुड़किए सूरज
पाँव भी आसमान पर रखिए।

पंख तन में उगाइए पहले
तब किसी राह में ठोकर रखिए।

क्या पता कब कटे अकेला सिर
एक रावण से माँगकर रखिए।

एक पत्थर को निशाना साधकर छोड़ा गया।
आइना टूटा नहीं था, आइना तोड़ा गया।

मैं न था तब भी वहीं थे, हैं जहाँ पर आज वे
मैं गया तो बोलते हैं राह का रोड़ा गया।

संगमरमर की तरह चिकनी कड़ी बेजान थी
पर ज़मीने वक़्त को आराम से कोड़ा गया।

भीड़ ने समझा नमस्ते, मिल गई धमकी मुझे
आज हाथों को सभा में इस तरह जोड़ा गया।

देखकर हालात ज़िंदा सिर किनारे हो गए
सरकटे इन्सान के सिर ठीकरा फोड़ा गया।

चाँदी खो कर चाँद सुनहरा सूरज से जाकर पूछो।
बात ज़रा सी मतलब गहरा सूरज से जाकर पूछो।

तेज़ हवाएँ, शमा जलाने की कोशिश में हम मसरूफ़
सर्द अँधेरा कैसे उतरा सूरज से जाकर पूछो।

रात अगर होती तो बात समझ में सबकी आ जाती
दिन भर कैसे काला कुहरा सूरज से जाकर पूछो।

सभी पहरूए सबके भाले कैसे सूरजमुखी हुए
कौन शहर में देगा पहरा सूरज से जाकर पूछो।

नदी नाम था जिस अल्हड़ लड़की का जाने कहाँ गई
सारा जंगल गूँगा-बहरा सूरज से जाकर पूछो।

धरती तो सीने में अपनी आग दबाए बैठी है
कैसे सागर बनता सहरा सूरज से जाकर पूछो।

कर रहे हैं सब हरे पत्ते इसे महसूस।
हो गया है आजकल सूरज बड़ा कंजूस।

याद के कोठार में भरिये गुलाबी धूप
फिर न आएगी शहर में यह सहर मानूस।

छत बमुश्किल सह रही होगी हवा का बोझ
आपका प्रस्ताव है हम टाँग दें फ़ानूस।

मुल्क में जनतंत्र का कुछ तो भरम रखिए
नरक में बनवाइएगा तख़्त-ए-ताऊस।

राहगीरों के सिकुड़ते जा रहे हैं पाँव
ग्लैशियर-दर-ग्लैशियर पर्वत हुआ है पूस।

दीजिए पोशाक पत्थर की मकानों को
आग पर मरने लगी है यह निगोड़ी फूस।

अब ग़ज़ल के शेर शेरों की तरह .ख़ुद्दार
जो नरम दीखें समझिए हैं घुटे जासूस।

साँस वाले आपसे रखते नहीं उम्मीद
मुंतज़िर मुर्दे बिचारे थे हुए मायूस।

हक़ जता कर तोड़ ले या तू लगा ले पेड़
तू न कुत्तों की तरह जूठी गुठलियाँ चूस।

किन रिवाज़ों के शहर में आ गए, बसने लगे।
तुम हमें डँसने लगे हम भी तुम्हें डँसने लगे।

क़ुर्बतों में इश्क़ की, कुहरा घना होने लगा
हम तुम्हारे तुम हमारे जाल में फँसने लगे।

काँच भी टूटा तुम्हारा हाथ भी ज़ख़्मी हुआ
क्यों कसौटी पर किसी के काँच को कसने लगे।

चल पडा मैं भी कि जब मुझको ठहरते देखकर
हमसफ़र के ज़ख़्म बच्चों की तरह हँसने लगे।

यार उस इन्सान की तकलीफ़ की शिद्दत न पूछ
चल रहा हो पाँव के बल और सर धँसने लगे।

पर समेटे बदन-बदन चिड़िया।
पर पसारे गगन-गगन चिड़िया।

थी सही नाप तौल हमले की
घोंसले में हुई दफ़न चिड़िया।

रात जाने कहाँ बिताएगी
आशियाँ रख गई रहन चिड़िया।

जाल दाना बहेलिया रटते
ओढ़ती आज भी कफ़न चिड़िया।

चिड़िया-चिड़िया हुए हिरन वन में
आसमाँ में हिरन-हिरन चिड़िया

बाज़ का राज आ गया फिर से
हो न जाए जलावतन चिड़िया।

छोड़ भागा जिसे भला कागा
ढूँढती है वही नयन चिड़िया।

पैरहन की तलाश में निकली
हो गई आप पैरहन चिड़िया।

बारिशों की रहमतें जर्जर घरों से पूछिए।
टपकती खपरैल भींगे बिस्तरों से पूछिए।

देखना या भींगना कुछ देर तक आसान है
झेलना मौसम मुकम्मल बेघरों से पूछिए।

पूछिए हमसे ज़माने की नज़र का बाँकपन
रंग जूतों के मियाँ झुकते सरों से पूछिए।

आदमी की राख से तामीर क्या करने चले
पूछिए, इन आग के सौदागरों से पूछिए।

हाथ से कुछ पूछना सरकार की तौहीन है
हादसा कैसे हुआ यह पत्थरों से पूछिए।

सर झुकाने का सलीक़ा पूछिए बाज़ार से
सर उठाने की अदाएँ शायरों से पूछिए।

सिर्फ़ अपनी आँख में कब तक बड़ा कोई रहे।
आइना के सामने कब तक खड़ा कोई रहे।

पर पसारे मौत आई, फुसफुसाई कान में
ज़िंदगी की क़ब्र में कब तक गड़ा कोई रहे।

तुम पराठे सेंक लो तब तक बना लूँ चाय मैं
प्रेम है तो फ्रेम में कब तक जड़ा कोई रहे।

मोम होने के लिए मजबूर हर इस्पात है
भट्ठियों में किस तरह कब तक कड़ा कोई रहे।

खोल दो हर प्यास का मुँह छीन लो सब छतरियाँ
क्यों भरी बरसात में औंधा घड़ा कोई रहे।

बेच देते हैं बड़े साहब मुलाज़िम का जमीर
जिन्स बन कर दफ़्तरों में क्यों पड़ा कोई रहे।

चाहते हैं वे सड़ांधों की हक़ूमत मुल्क में
ख़ुद रहें या उन्हीं के जितना सड़ा कोई रहे।

जश्न की हर रात चोरों के लिए सौग़ात है
सोचिए कब तक शरीके भाँगड़ा कोई रहे।

दंश की आदत छुडा दें शब्द तो कुछ बात हो।
साँप को सीढ़ी बना दें शब्द तो कुछ बात हो।

सीढ़ियों पर धूप तो सब के लिए होती नहीं
धूप की सीढ़ी बना दें शब्द तो कुछ बात हो।

जो सभी के काम आए पर न मुट्ठी में रहे
हर तरफ़ ऐसी हवा दें शब्द तो कुछ बात हो।

रास्ते लिपटे हुए हैं रहनुमा के पाँव से
रास्तों को रास्ता दें शब्द तो कुछ बात हो।

ब्रह्म होना छोड़ दें तो दूरियाँ घटने लगें
घास को उँगली थमा दें शब्द तो कुछ बात हो।

सुबह से छत पर पड़ी है, दिन न ढल जाए कहीं
धूप का आलस भगा दें शब्द तो कुछ बात हो।

इन अँकुरती हुई क़लमों को ख़बर है खेत की
हाल मौसम का बता दें शब्द तो कुछ बात हो।

गढ़ गया होगा उसे भी क्या सियासी चाक है।
संतरे की तरह उसका भी ज़हन पुरफाँक है।

लोग हैं बेताब नदियों की तरह यह जानकर
यह खुला बाज़ार सागर की तरह मुश्ताक़ है।

सूप से नाख़ून लेकर चढ़ चली आदिम हवस
आज ख़तरे में लखन की ख़ानदानी नाक है।

बच नहीं पाया निगाहे आइना से आजतक
आइना मासूम दिखता है मगर चालाक है।

नाक कटते ही शहर में इस क़दर रुतबा बढ़ा
नाकवालों की नज़र में भी उसी की धाक है।

तैरना सीखा पतंगों से मछलियों से नहीं
छोड़ उसका आसरा वह कागज़ी तैराक है।

काम आएगा सफ़र में क्या उसे मालूम है
जेब में चाकू, ज़ुबाँ पर दौलते अख़लाक़ है।

हवा के जितना पुराना है समय का डाकिया
और साँसों की तरह ताज़ा समय की डाक है।

कुछ तो उठा ज़मीं से, कुछ आसमाँ से उतरा।
अब शहर बेशहर है इतना घना है कुहरा।

ठिठुरी हुई हवा में लहरों पे लहर, शायद
कुहरे में हो रहा है हँस-हँस के कोई दुहरा।

हम नैन गँवा बैठे, तुम नक़्श गँवा बैठे
अश्कों में घुलीं नज़रें, कुहरे में घुला चेहरा।

पानी जो तनिक उछला, सिमटी हवा सिहरकर
लिपटीं जो हवाएँ तो पानी का बदन सिहरा।

गुस्ताख़ ठंड पहुँची ईश्वर की हवेली में
किरणों का बँधा कोटा, सूरज पे लगा पहरा।

सिगड़ी में सिंकीं सुबहें, चूल्हे में पकीं शामें
बिस्तर में बँधीं रातें, दिन उड़ता हुआ गुज़रा।

हम आ गए कहाँ इस पटना में रहते-रहते
इस शहर के नक़्शे पर यह कौन शहर उभरा।

कुहरे का सिला देखो, कुहरे का क़िला देखो
कुहरे में मिला देखो, उजले दिनों का चेहरा।

हर सर्द हूक़ूमत में, कुहरा है अदालत में
मुजरिम फ़क़त वही है जिसका वजूद उघरा।

बाहर से नहीं आया इस आइनाख़ाने में
कुहरा है हमारा ही जो आइनों पे पसरा।

साँसें नहीं थमी हैं फिर भी सुक़ूत इतना
क्या बेज़ुबाँ हुए सब या मैं ही हुआ बहरा।

फुँकता न यूँ नशेमन, जलती नहीं यूँ बस्ती
पड़ती है कहीं ठंडक, घिरता है कहीं कुहरा।

कितने सैनिक, कितने पहरे, कब तक रहता डरा हुआ।
कमरे का सच पीला-पीला बाहर निकला हरा हुआ।

जिसका सिक्का वही कसौटी सुनते रहिये झंकारें
एक बार संसद में पहुँचा खोटा सिक्का खरा हुआ।

आर पार क़ातिल कुहरे के दो सदियों के संगम पर
एक मसीहा आधा ज़िन्दा लेकिन आधा मरा हुआ।

आँखें गुमसुम रिमझिम रिमझिम शोर मचाया होंठों ने
रोते-रोते हरा हुआ, हँसते-हँसते अधमरा हुआ।

होड़ लगी है बिक जाने की, टिक जाने की फ़िक्र किसे
उल्टी बानी भूल कबीरा भी देखो मसखरा हुआ।

बरसों लंबी वीरानी का मारा हुआ शिकारा दिल
उम्मीदों की झीलों में अब भी है पानी भरा हुआ।

गए राम जी फिर जंगल में राज तिलक के पहले ही
करते रहिए मन में मंथन किसका मन मंथरा हुआ।

जंगल से भाग आए थे हम आग के डर से
अब शहर जल रहा है, तो चिपके हैं शहर से।

हमको कहाँ यक़ीं था उन्हें देखकर हुआ
मरता नहीं है साँप कभी अपने ज़हर से।

बाज़ार की आँखों से बहुत देख चुके हो
देखो कभी दरख़्त को चिड़िया की नज़र से।

मरने के सिवा और भला रास्ता है क्या
पत्थर की जगह आने लगे फूल उधर से।

सबके क़हर से उसने बचाया मुझे मगर
अब कौन बचाएगा मुझे उसके क़हर से।

सोचा था सोचों को हम लें सींच बहस में।
लेकिन पानी कम था ज़्यादा कीच बहस में।

जाने क्यों बातें पत्थर होती जाती हैं
एक अदद दर्पण था टूटा बीच बहस में।

कब मुद्दा संसद से भागा देख न पाए
सबके सब बैठे थे आँखें मीच बहस में।

मन्दिर, मस्ज़िद, गिरजे, गुरुद्वारे सब बौने
सबकी ऊँचाई शामिल है नीच बहस में।

दम घुटता है यार तकल्लुफ़ के पर्दे में
प्यार अगर है मुझसे, मुझको खींच बहस में।

जिसमें टकसालों के क़चरे फेंके जाते
उस दरिया का पानी नहीं उलीच बहस में।

इसी इलाक़े में रहती है जीभ नरम सी
बार-बार मत दाँतों को यूँ भींच बहस में।

राम और सीता पर बहसें छिड़ी हुई हैं
आ जाता है बार-बार मारीच बहस में।

गर्म है सच की चिता, कुछ सेंक कुर्सी के लिए।
देख कोई सेंकता है केक कुर्सी के लिए।

क्या करें जँचती नहीं हैं लकड़ियाँ सुल्तान को
कट रहे हैं पेड़ लाखों एक कुर्सी के लिए।

यह विचारों का लबादा इस भरी बरसात में
फेंक सकता है अगर तो फेंक कुर्सी के लिए।

गीत गाने का समय है गा रहे हैं भेड़िए
मुख़्तलिफ़ हैं अंतरे पर टेक कुर्सी के लिए।

बह गए सब घर तुम्हारी नेकियों की बाढ़ में
हो गया है किस क़दर तू नेक कुर्सी के लिए।

एक कुर्सी के लिए गूँगा रहा बरसों मगर
चीख़ का री-टेक पर री-टेक कुर्सी के लिए।

बोलतीं आँखें यक़ीनन देवता सोया न था।
देखता था वो मुझे ऐसे कि मैं गोया न था।

हम शरीक़े जंग हैं, बच्चे करेंगे फ़ैसला
हादसे की रात में किसका ख़ुदा खोया न था।

क्या शहर था लोग सारे धो रहे थे आइने
पर किसी ने चेहरा अपना वहाँ धोया न था।

फूल जैसे जिस्म पर बाज़ार का दारोमदार
बोझ ऐसा लड़कियों ने आज तक ढोया न था।

आप पहले लीजिए गीले खिलौनों की जगह
और तब कहिए कि बच्चा आपका रोया न था।

ख़िज़ाँ के ख़ुश्क़ पत्तों से जहाँ बिखरे हुए चेहरे।
वहाँ हम ढूँढ़ते हैं आग में निखरे हुए चेहरे।

कसक पहचान खोने की दिलों में क्यों नहीं होती
गँवा कर ख़ासियत क्यों भीड़ के चेहरे हुए चेहरे।

बहुत जद्दोजहद चेहरे खिलाने की यहाँ लेकिन
समय की डाल से लटके हुए कुतरे हुए चेहरे।

नए चेहरे बनाने की ज़रूरत क्या सियासत में
दुबारा काम आते हैं जहाँ उतरे हुए चेहरे।

रात अपनी स्याहियों से धो गई है।
ख़ाल पत्थर की मुनव्वर हो गई है।

घाटियों में दूर तक मुर्दा उजाला
बर्फ़ है या ओस थककर सो गई है।

वक़्त का बर्ताव क्यों दुष्यंत सा है
क्या तुम्हारी भी अँगूठी खो गई है।

अब उन्हें दुनिया बहुत कम दिख रही है
उम्र की दीवार ऊँची हो गई है।

क्या इसमें अब सिज़दा करना, उसमें शीश झुकाना क्या।
दोनों बने हुए हैं मोहरे क्या मस्ज़िद, बुतख़ाना क्या।

दोनों की आँखों में लालच दोनों के दिल में हथियार
फोटो खिंचवाने कि ख़ातिर हँस कर हाथ मिलाना क्या।

खेतों ने फसलें खोयी हैं लेकिन कोख सलामत है
चिड़ियों ने जब चुगा नहीं है तुमको तो पछताना क्या।

सच का सूरज नहीं डूबता आँख फेर लेते हैं हम
है सबको यह बात पता अब इसको राज़ बनाना क्या।

लाख हसीन बहाने हों पर तुमको ज़ेब नहीं देते
आना था तो आ ही जाते जाते-जाते आना क्या।

दरवाज़े हो गए मुक़फ्फ़ल, हर खिड़की दीवार हुई
तोड़े बिना नहीं निकलोगे चाहोगे मर जाना क्या।

सुख जीवन में ऐसे आता है जैसे पानी में चाँद
कहते हैं अनुभवी मछेरे इस धन पर इतराना क्या।

अब फ़िक़रों में फँसने और फँसाने से परहेज़ इसे
फ़िक्रें बदल गईं शायर की अब उसको समझाना क्या।

पानियों में एक तिनका, आसमानों में खजूर।
चाँद का रखिए भरोसा पास रहिए या कि दूर।

छोड़ कर अपनी ज़मीनें बस गए मीनार पर
उम्र भर रहिए उगाते आप गमले में गुरूर।

आब इतना तेज़ तिनके तक गले उम्मीद के
और सरकारी सफ़ाई है कि डूबे बेशऊर।

जंग के लायक़ नहीं हैं आपके ये सूरमां
गर्क़ हैं ये भी उसी में जिस नशे में आप चूर।

आज रहने दीजिए कर लीजिएगा कल बहस
सोचिएगा आप भी यह फ़ल्सफ़ा है या फ़ितूर।

कुर्सियों की रोशनी में कुछ नज़र आता नहीं
इन सियासी शहसवारों का नहीं कोई क़सूर।

आप रहिए सब्ज़ पत्ता, आप रहिए शोख़ फूल
हम बहुत ख़ुश हैं जड़ों में और बीजों में हुजूर।

राजपथ की राह में जो आ गए तो कट गए
उन दरख़्तों के हरे सपने कहीं होंगे ज़रूर।

जंग की तैयारियाँ होने लगीं।
फ़ौज में बीमारियाँ होने लगीं।

यूँ समझिए जंग के दिन आ गए
दुश्मनों से यारियाँ होने लगीं।

चाँद तन्हा चाँद के आशिक़ हज़ार
इश्क़ में हो ऐय्यारियाँ होने लगीं।

धूप क्यों पीती नहीं है कोहरा
क़त्ल की लाचारियाँ होने लगीं।

सच कँटीला था मगर कल मर गया
ख़ूब दावेदारियाँ होने लगीं।

हार छप्पर की नहीं है, जीत लपटों की नहीं।
आग की बस्ती किसी ने आज तक देखी नहीं।

कुछ चमक हैं रास्ते में और कुछ आँखों में है
रोशनी, माना, नहीं है पर अँधेरा भी नहीं।

वक़्त की स्याही घुली हर रंग की दावात में
माफ़ करना फूल की तस्वीर बन सकती नहीं।

आप सुनकर क्या करेंगे, हम सुनाकर क्या करें
है बुरी ख़बरें बुरी, अच्छी ख़बर अच्छी नहीं।

चाँदनी में दर्द का तड़का लगाकर जागिए
दिलरुबा सी रात सोने के लिए होती नहीं।

सब बदलते जा रहें हैं क्या मिसालें क्या मिज़ाज
आँख हो या झील साहब अब कहीं पानी नहीं।

हर क़दम पर है नई तकनीक सदक़े जाइए
ज़िन्दगी ताज़ा मिलेगी मौत भी बासी नहीं।

साँप का कुचला हुआ सिर देखने उमड़ा शहर
कह गए लाठी दिखाकर देखिए टूटी नहीं।

मत सुनो ग़ज़लें विनय से टूट जाएगा नशा
जो शराबों को चढ़ा दे वह ग़ज़ल आती नहीं।

कानों में लफ़्ज़ों का कचरा उफ़ मैंने कुछ सुना नहीं।
सालों से तू बोल रहा है क्या तूने कुछ कहा नहीं।

हवा पूछती है साँसों से साँस पूछती सीने से
सच को सच कहने वाला क्या सचमुच कोई रहा नहीं।

धूप दुखों की थी हर शय पर तुम आए हो शाम ढले
मुझे पता है, कल बोलोगे—देखा था दुख दिखा नहीं।

लिखता रहता हूँ लेकिन अक्सर यह लगता रहता है
जो अनपढ़ हैं वे भी पढ़ लें ऐसा तो कुछ लिखा नहीं।

(रघुवीर सहाय के लिए)

●●●